Sófocles nasceu por volta de 496 a.C., em Colono, cidadezinha dos arredores de Atenas, e ali morreu por volta do ano 406 a.C., aos 90 anos de idade. Venceu em 469 a.C. um concurso anual de dramaturgia com uma tetralogia composta de três tragédias e um drama satírico, derrotando o veterano Ésquilo. As apresentações foram consagradoras, e Sófocles se tornou o dramaturgo grego mais festejado e homenageado em vida, além de cidadão ilustre. Ao longo de sua vida, o poeta presenciou a expansão do império ateniense, o apogeu político e cultural helênico, durante o período de Péricles, de quem era amigo. Experimentou também a decadência, com a derrota de Atenas na Guerra do Peloponeso. Em uma cultura em que a política e a poesia encontravam-se bastante ligadas, Sófocles foi nomeado por Péricles ministro do Tesouro (entre 443 a.C. e 442 a.C.) e por duas vezes foi eleito comandante do exército em expedições militares, mas o seu renome deveu-se, realmente, ao seu talento poético. Calcula-se que tenha escrito 123 peças e vencido 24 vezes os concursos anuais de dramaturgia trágica. Deste prolífico autor, chegaram até nossos dias apenas um drama satírico incompleto (*Os Sabujos*), inúmeros fragmentos e sete tragédias completas (as datas das primeiras apresentações são aproximadas): *Ajax* (450 a.C.), *Antígona* (442 a.C.), *Édipo Rei* (430 a.C.), *Electra* (425 a.C.), *As Traquinianas* (entre 420 a.C. e 410 a.C.), *Filoctetes* (409 a.C.) e *Édipo em Colono* (401 a.C.). Sófocles é uma figura centralíssima não apenas para o estudo da cultura helênica, mas também da literatura, uma vez que sua peça *Édipo Rei* foi praticamente utilizada como modelo de tragédia em *A Poética*, de Aristóteles.

Livros do autor na Coleção **L&PM** POCKET

Antígona
Édipo Rei
Édipo em Colono

SÓFOCLES

ÉDIPO EM COLONO

Tradução do grego e prefácio de
DONALDO SCHÜLER

www.lpm.com.br
L&PM POCKET

Coleção **L&PM** POCKET, vol. 315

Texto de acordo com a nova ortografia

Primeira edição na Coleção **L&PM** POCKET: maio de 2002
Esta reimpressão: maio de 2019

Capa: Ivan Pinheiro Machado. *Ilustração*: iStock/Mozcann
Revisão: Caroline Chang e Renato Deitos
Tradução: Donaldo Schüler

ISBN 978-85-254-1248-5

S681e

Sófocles; 496 a.C. - 406 a.C.
    Édipo em Colono / Sófocles; tradução de Donaldo Schüler. – Porto Alegre: L&PM, 2019.
    144 p. ; 18 cm – (Coleção L&PM POCKET; v. 315)

    1. Ficção grega - tragédias. I. Título. II. Série.

CDD 882.01
CDU 875-21

Catalogação elaborada por Izabel A. Merlo, CRB 10/329.

© L&PM Editores, 2002

Todos os direitos desta edição reservados a L&PM Editores
Rua Comendador Coruja, 314, loja 9 – Floresta – 90.220-180
Porto Alegre – RS – Brasil / Fone: 51.3225.5777

PEDIDOS & DEPTO. COMERCIAL: vendas@lpm.com.br
FALE CONOSCO: info@lpm.com.br
www.lpm.com.br

Impresso no Brasil
Outono de 2019

Para Bruno Costa

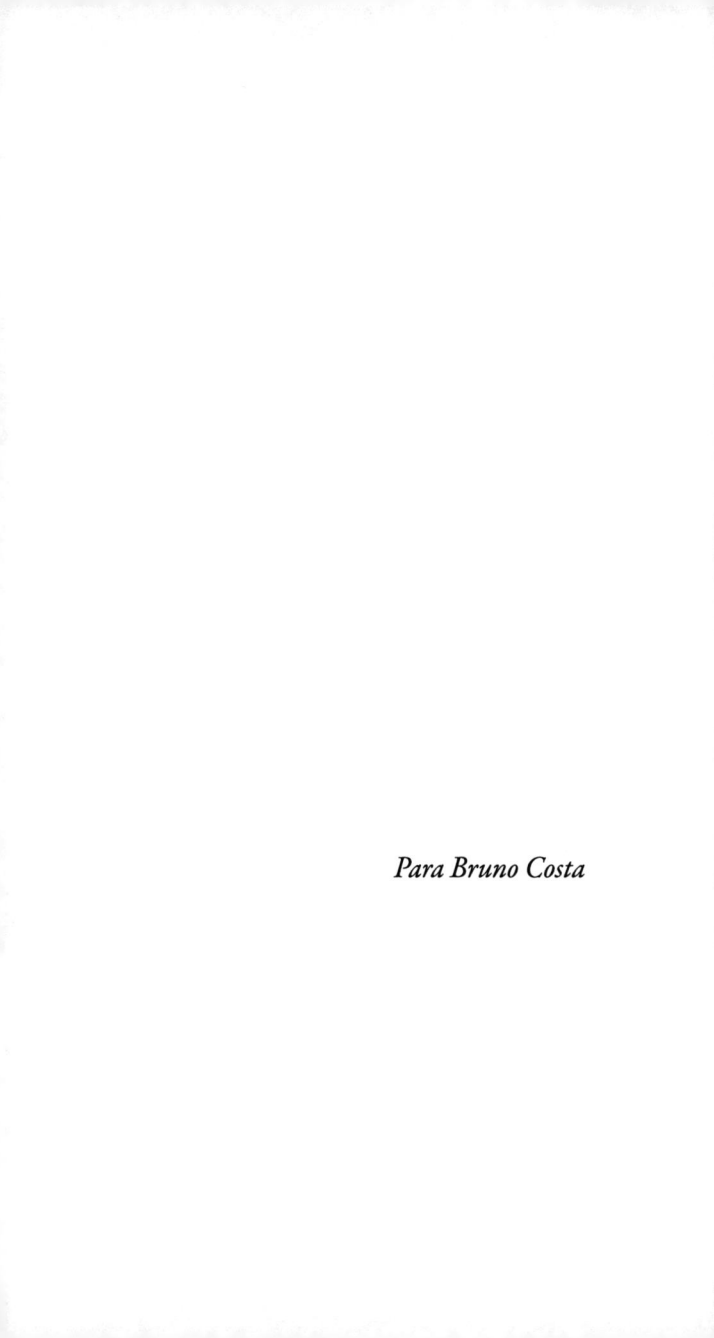

Sumário

Prefácio / 9

Édipo em Colono / 25

Prefácio

Édipo em Colono: a morte e a crise político-religiosa no teatro de Sófocles.

Tentemos entender *Édipo em Colono* no conjunto do que nos resta da produção teatral sofocliana.

Entre o que se preservou da farta produção de Sófocles, *Ajax* mostra-se, pela estrutura, a peça mais antiga. Ajax, um dos soldados ilustres da campanha de Troia, tem motivos sobejos de esperar que os gregos lhe ofereçam as armas de Aquiles, morto em combate, como reconhecimento de serviços prestados. O abalo de Ajax, ao ver o prêmio ir para as mãos de Odisseu, há de compreender-se no contexto da *Ilíada,* em que a honra se eleva acima dos outros valores. Em defesa da honra, Ajax levanta a espada contra os companheiros. Para evitar luta fratricida, Palas Atena enlouquece o herói, atirando-o contra rebanhos, que ele confunde com soldados. Enquanto Ajax, recolhido na tenda, se julga vingado, Odisseu investiga a misteriosa matança dos animais destinados ao suprimento do exército.

Instruído pela própria deusa do ocorrido, pasmado diante do poder divino e da pequenez humana, Odisseu solidariza-se com o inimigo caído em desgraça. Nas palavras do sábio ludibriador, todos os homens estão expostos ao infortúnio que obscureceu a mente de Ajax.

Ridicularizado pelo equívoco, Ajax, para defender a honra, afunda-se na desonra. Sendo-lhe vedado viver com dignidade, que lhe resta além da morte? Surdo aos rogos de Tecmessa, a esposa, despede-se do filho. Quando esta encontra o corpo do suicida, Menelau e Agamênon, alvos do ódio de Ajax, querem impedir que se preste homenagem fúnebre ao rebelde. Odisseu, declarando ser a morte o limite do ódio, insiste no direito que o morto tem à sepultura. Poderiam negar homenagem ao maior soldado depois de Aquiles? Ajax recebe na morte a honra que lhe foi negada em vida.

Se Ajax tivesse matado os companheiros, como pretendia, desencadear-se-ia a sequência crime-castigo à maneira do teatro esquiliano. A intervenção de Palas Atena muda a polaridade do conflito. A tragédia já não nasce do confronto dos homens entre si, mas da reação provocada pela experiência e consciência do limite superior. Mais do que ser feliz, importa conhecer a verdade. A morte ilumina a existência também como limite. A tenacidade dos heróis sofoclianos conduz à sabedoria. A grandeza constitui no teatro de Sófocles risco por não respeitar as fronteiras da ordem, as quais, se impunemente transgredidas, abririam as portas ao caos. Se esta concepção lembra Ésquilo, ela se distingue, entretanto, pelo mistério, que em Sófocles não se desfaz. Já no princípio da tragédia, interrogada a prepotência de Atena, não se alcança a justiça de seus atos. O insondável dos planos divinos marca a trajetória de Ajax rumo ao sacrifício de si mesmo. Ajax não sabe por que deve suportar o domínio afrontoso dos Átridas, como não entende os altos planos dos deuses. Sente que a vida, nestas condições, se tornou insuportável e que nada lhe resta senão abandoná-la.

Sófocles imobiliza o braço do herói. Em Ésquilo, os atos criminosos mantêm em movimento a roda da história, que não esbarra em ponto escuro. Vistos do fim, os atos se iluminam. Sófocles, ao romper o encadeamento das ações, concentra o ato em si mesmo, destituído de sentido. A ação cede à contemplação. Saber vale mais que fazer.

Vista a evocação de valores e situações homéricas, importa notar a diferença. A idade crítica tornou problemático o que os heróis de Homero experimentavam sem conflito. O Aquiles de Homero e o Ajax de Sófocles se parecem muito. Entretanto, a interrogação do sentido da vida, acrescida da inação a que está condenado, remodelam o herói, dando-lhe vida interior ausente em Homero.

Em Ésquilo, mesmo as mulheres são fortes; em Sófocles, até os heróis são fracos.

Antígona, a tragédia que o autor criou depois de *Ajax,* coloca a mulher no centro do conflito. A filha de Édipo, que dá nome à tragédia, tem uma conversa reservada com a irmã, Ismene. Sófocles dá como conhecidos os acontecimentos pregressos sem tentar reinterpretá-los. As outras duas tragédias de tema edípico, cronologicamente anteriores, foram escritas depois, ao arrepio da sequência das trilogias.

Tebas está liberta, e a linha masculina da descendência de Édipo foi extinta. Dos parentes próximos, restam estas duas filhas e o irmão de Jocasta, Creonte, sucessor do soberano exilado. Ao assumir o governo, Creonte decreta que Polinice, o agressor, seja exposto, insepulto, aos cães e às aves, enquanto o corpo de Etéocles, tombado na defesa de Tebas, receba sepultura com todas as honras. A discussão das honras negadas a um morto ilustre retorna aqui. Antígona, retomando a atitude decidida de Odisseu, resolve dar sepultura ao irmão, em aberto desrespeito aos decretos do novo governante. A coragem de Antígona contrasta com a timidez de Ismene. Esta, embora reconheça a injustiça do decreto, submete-se. Qual seria a utilidade da revolta de mulheres? Fracas! Antígona afasta-se da irmã. Combate só, como todos os heróis de Sófocles. A heroína não conta nem com o apoio do noivo, o filho de Creonte, Hemon, com o qual não se encontra uma única vez em cena.

O coro intervém com o hino da perigosa grandeza do homem, manifesta em prodigiosas realizações. Os espectadores veem, na exaltação, o brilho de Atenas e a instabilidade desta como de outras realizações. Sófocles e os atenienses devem estar apreensivos com as desinteligências políticas que levarão os estados gregos à arrasadora guerra do Peloponeso. A atitude crítica não se ilude com a glória momentânea.

Hegel viu na tragédia a oposição dos deveres do estado e os da família, igualmente válidos. Mas Creonte não é o estado. O povo de Tebas é representado pelo coro que repele Creonte e toma o partido de Antígona. A formação democrática dos atenienses jamais declararia justos os decretos de um tirano, rejeitados pelo povo.

Atemorizado pelas palavras de Tirésias, Creonte pretende remediar o mal. Suicidam-se Antígona, Hemon e Eurídice, esposa do tirano. Desamparado de todos, Creonte se condena à solidão.

Permanece o mistério da organização do universo. Não se percebe o caminho da justiça no segmento oferecido pelo tragedista à reflexão dos espectadores. Nada torna aceitáveis as três mortes e a impunidade do único malfeitor. Creonte não desrespeita apenas a soberania do estado com os seus decretos desatinados, ofende ainda a ternura e o amor. Se Tebas acatasse os decretos de Creonte, os homens se corromperiam tão profundamente que perderiam a feição humana e se tornaria inviável a convivência. A esperança se refugia na resistência ao governo prepotente. A subjetividade levanta muralhas que força alguma consegue abalar.

Em que reside a culpa do protagonista na tragédia *Édipo Rei*? A resposta foi diversa ao longo dos séculos. O século XVIII, preocupado com problemas morais, atribuiu a faltas éticas à desgraça de Édipo. Teria mesmo a fatalidade se abatido sobre o monarca como "pecador"? Uma série de fatos na vida da personagem dificulta esta solução. É verdade que Édipo insulta Tirésias, sacerdote honrado. Contudo, não o faz por maldade. As declarações de Tirésias são tão surpreendentes que o monarca só pode entender a denúncia do ancião como indício de uma sedição em que estariam comprometidos Creonte e Tirésias. Édipo, do alto de sua dignidade real, sente-se vilmente insultado. De que não é capaz um homem ultrajado? Leve-se em conta que Édipo revelou-se exaltado desde a juventude. Agride fisicamente numa festa um moço que, sob o efeito do vinho, lhe põe em dúvida a filiação. Numa estrada deserta, revida com golpes a ordem pouco cortês de sair do caminho para dar passagem a uma carruagem. Édipo, como todos os heróis, tem um acentuado sentimento de honra. A reação dos heróis costuma ser violenta sempre. A garantia da assistência divina vacila. Édipo duvida de que homens sejam intérpretes de decisões celestes.

Se Édipo não sofre por ser criminoso, por que sofre então? Retomemos o princípio. O soberano entra em cena para ver os males do povo. É uma deferência. Ele poderia ter recorrido a mensageiros, mas veio em pessoa. A fala do soberano sublinha a singularidade do ato. Os campos se dividem: embaixo está o povo e suas misérias, no alto está o tirano benevolente, saudado como deus.

Segurança não há, o que foi um dia continua sendo. Basta olhar para os monarcas absolutos da Pérsia, do Egito, da Macedônia. Há também o perigo interno. Os tiranos podem retornar. Simplicidade, segurança, só em tempos sonhados. O presente é complexo. Viver nele é tarefa de sábios.

Considere-se que o espetáculo é visto por homens habituados à alternância na condução dos negócios públicos. Instalar-se na direção do estado mediante a estratégia de um casamento oportuno não merece o aplauso de espectadores convictos de que o poder deve ser exercido pelo concurso de todos. Édipo, o tirano, é glória e peste. Bastaria este mal para arruinar a prosperidade de todos. Que os tiranos trouxeram benefícios está fora de dúvida. Mas isso não lhes dá o direito de se perpetuarem no poder.

Estar à testa de uma tirania é perigoso. Visto que o tirano apossou-se do poder pela violência, um ato violento poderá destroná-lo. Risco cerca o trono de Édipo. O tragedista comove-se com o sofrimento dos homens. Para elucidá-lo, recorre à cegueira. Édipo, que pensava ter decifrado o enigma da esfinge, não desvenda nem o mistério da sua própria existência. Gostaria de saber e não sabe. Isso é comovedor. As trágicas limitações em que nos debatemos todos é uma das causas da surpreendente modernidade do teatro de Sófocles.

As Traquinianas não figuram entre as tragédias que deram renome a Sófocles. A inventividade não se eleva ao nível das anteriores. Parece mais concessão ao gosto introduzido por Eurípedes do que esforço sério de reflexão sobre a condição humana, que desde o princípio caracteriza sua abundante produção teatral.

Ainda que esta tragédia se desvie do padrão sofocliano, conserva das anteriores o insondável do saber divino e a eminência dos poderes que aniquilam o homem.

Édipo em Colono é a última tragédia de assunto edípico, escrita em data posterior a *Electra*. Sófocles localiza a ação entre o fim de *Édipo Rei* e antes dos *Sete contra Tebas,* o que se percebe na tentativa dos filhos de envolver o rei exilado na guerra, e nas palavras de Antígona ao rogar o auxílio de Teseu, rei de Atenas, a fim de evitar a guerra fratricida.

Édipo já não se dirige a cidadãos, como em *Édipo Rei*, mas a uma jovem adolescente, sua própria filha. Declara sua completa dependência: é velho e cego. Não dá ordens, limita-se a perguntar. Antígona é mais do que filha, ela é conselheira do pai. Temos o oposto da arrogância do monarca em *Édipo Rei*.

Ismene é presença secundária. Cabem a Antígona todas as iniciativas, o que lembra a destemida Antígona da tragédia com o mesmo nome. Ao contrário dos irmãos, Antígona cuida do bem-estar dos seus. Ajuda primeiro o pai a achar um lugar em que possa viver com segurança os últimos dias e morrer tranquilo. Cumprido esse dever, retorna para impedir a luta entre os irmãos.

Movidos por interesses individuais, os irmãos provocam a destruição. Rompem os elos com a cidade ao colocarem os seus próprios motivos acima da felicidade de todos. Justificam assim a Maldição (Ará) que Édipo lança contra eles.

Quando Édipo chega ao santuário das Eumênides, em território ateniense, lembra-se de antigas palavras de Apolo, que lhe indicavam este lugar como derradeiro repouso e resolve ficar. Tendo lutado a vida inteira contra a verdade dos oráculos, trata agora de cumpri-los. Submete-se à vontade insondável sem questioná-la. Age como iluminado. Em lugar do homem que buscava desesperadamente a verdade, temos o sábio. A cegueira abriu-lhe os olhos. Os sofrimentos ensinam. Em lugar da violência, sentimentos afetuosos, a aceitação das coisas como são. Finda a aparência, resta o quê? Contempla-se o nada, a morte. Onde está a verdade? Na visão do nada ou na glória da aparência? Do nada nasce outra realidade, diferente da vista e aplaudida. Surge o que olhos não veem, abominam. Para conviver com este Édipo é preciso cegar-se para a glória.

A primeira visita que pretende arrancá-lo do repouso eleito é Creonte, ligado ao partido de Etéocles, defensor da cidade contra as tropas do irmão. O caráter de Creonte mostra-se autoritário como em *Antígona*. Não conseguindo a adesão voluntária de Édipo, recorre à violência, o sequestro das filhas. Detido por Teseu na prática da injustiça, ameaça-o com a guerra.

Na conversa de Antígona com Polinice, dois universos se confrontam: o masculino e o feminino. O universo feminino é o da ternura, da paz; o universo masculino é o da honra, da violência, da morte. Os valores masculinos já tinham sido questionados pela poesia lírica de Arquíloco, poeta grego que viveu no século VII a.C. A destruidora guerra do Peloponeso volta a interrogar a defesa dos brios e do orgulho nacional.

Em Creonte e Teseu, confrontam-se a tirania e a liberdade. Vencida a relutância inicial, Teseu oferece asilo e segurança ao exilado Édipo sem roubar-lhe a liberdade. Mesmo que saiba os benefícios que a sepultura do herói em solo ático poderá trazer a Atenas, não o constrange a ficar. Permite que os partidos tebanos em conflito levem a ele as solicitações de retorno.

No caminho da morte, Édipo dispensa guia. O exilado foi destinado à morte, ao abismo sombrio. Este é seu saber, oculto aos filhos e a Creonte, enredados em conflitos passageiros. A força vem do abismo porque esta verdade não permitirá que o iluminado se comporte como se o passageiro fosse definitivo, confusão que é origem de todos os conflitos. A morte iguala, anula a opressão.

O espanto abre um abismo entre o homem e a natureza. O abismo se aprofunda, devora o homem espantado. Em lugar da outra vida, reflexo desta, o abismo. Em lugar da fala sobre o mundo dos mortos, o silêncio. O acesso à morte se tornou inviável. Em lugar da fala, o segredo. O que não se pode dizer, não é a negação da vida em sentido dogmático, é antes o silêncio, o mistério. A morte trágica não é o oposto da sobrevivência épica, é uma posição intermediária, nem de afirmação, nem de negação – mistério. A verdade, negada a vivos, revela-se na morte.

Em *Electra,* Sófocles retoma a vingança dos filhos de Agamênon, assunto das *Coéforas* de Ésquilo, do qual Eurípedes nos apresenta uma terceira versão. Como se vê, enredos consagrados atraíam os tragedistas preocupados em reinterpretar para novas plateias o legado de outras gerações. As alterações não causavam surpresa, visto que até a tradição oral abrigava versões contraditórias. Amparados por assunto conhecido, os tragedistas podiam atrair o espectador para o essencial, sem preocupação com informações circunstanciais.

Sófocles dá ao assunto reordenado tratamento novo. A Electra de Sófocles, no início apenas uma mulher desesperada, toma lentamente consciência do seu dever. Confrontando-a com a fragilidade feminina de Crisótemis, Sófocles a caracteriza na sua inflexibilidade. Percebe-se a partir daí o seu caráter heroico, semelhante ao de Antígona confrontada com Ismene. Para a Electra que discute com Crisótemis não há opções entre a morte e a vitória. No encontro com a mãe, já nada mais resta da Electra lamurienta do princípio. Rebate com lucidez os argumentos que Clitemnestra apresenta para justificar o assassinato, lançando-lhe em rosto o adultério como verdadeiro motivo. A ardilosa notícia da morte de Orestes precipita Electra num desespero como ainda não experimentara. O caráter heroico de Electra mostra-se ainda em formação. Sem deixar de contar nunca com a possibilidade de retorno do irmão, esperava que ainda faria o que o dever lhe impunha. A notícia da morte de Orestes a deixa só, e ela toma a decisão de agir, desamparada de tudo e de todos, sem medir consequências. Crisótemis mantinha-se como remota e fraquíssima esperança de ajuda. Fracassada a tentativa de fazê-la aliada, Electra adquire clara visão do seu dever, sem interferência de deuses ou de homens. Completa-se agora seu caráter heroico. O inesperado retorno de Orestes não lhe toma o papel heroico, elaborado na solidão. Electra vale-se do irmão como instrumento da vingança.

Se a intenção de Ésquilo tinha sido evidenciar a ação do destino, a de Sófocles foi a revelação gradativa do caráter heroico de Electra no contato com circunstâncias e homens. O coro, que em Ésquilo funciona como voz dos deuses, não se cansando de enfatizar a punição do crime, chama, humanizado, Electra à moderação, pois a ação nasce dela e não dos deuses. O teatro de Sófocles se insere na época em que cresce o interesse pelo homem; o que se vê nos sofistas, em Sócrates e Platão.

Filoctetes, a última tragédia que possuímos de Sófocles, apresenta três caracteres inflexíveis: Odisseu, ludibriador inescrupuloso desde a epopeia, Neoptólemo, filho de Aquiles, herdeiro da integridade e da fidelidade do pai, enfim, Filoctetes, flamejante de ódio aos Átridas, que por motivos estratégicos o abandonaram na desabitada ilha de Lemnos ao se dirigirem a Troia.

Filoctetes, mordido de cobra, é torturado por uma chaga incurável. Para não morrer de fome, os gregos lhe deixaram as setas de Héracles, que nunca erravam o alvo. Pelo fim da guerra de Troia, um vidente declara que a cidade inimiga não seria capturada sem a arma de Filoctetes. Os gregos enviam, em razão disso, Odisseu acompanhado de Neoptólemo para se apoderarem do instrumento indispensável à vitória. Sófocles reelabora um assunto ligado ao ciclo troiano, preservado na tradição oral e não aproveitado por Homero. Como se vê, o cavalo de madeira não foi a única arma inventada pela literatura anônima para explicar a queda da cidade de Páris, raptor de Helena.

Como Filoctetes vota ódio mortal a Odisseu e aos Átridas, o notório enganador ordena a Neoptólemo tomar a arma mediante um estratagema. Deveria conquistar a confiança de Filoctetes, dizendo que se afastara do exército por ter sido preterido pelos Átridas e por Odisseu. Encolerizado com os ofensores, estaria retornando à pátria antes do fim da guerra.

Contrariando sua própria natureza, Neoptólemo submete-se às ordens de Odisseu, chefe da expedição, e se apodera da arma. Não consegue, entretanto, levar o plano até o fim. Em conflito consigo mesmo, revela a Filoctetes a verdade e tenta, sem resultado, persuadi-lo com argumentos a acompanhá-los voluntariamente.

Sófocles não submete a juízo ético as posições radicais das três personagens. Cada um é o que é. Com que direito condenar um soldado como Odisseu que recorre ao engodo para atingir a vitória? O engano não é arma como as outras?

Mas com o encontro de três caracteres inflexíveis, cria-se um impasse teatral: a ação não chega à solução. Preso na dificuldade por ele mesmo criada, Sófocles recorre a um recurso novo. Chama ao palco um *deus ex machina* (no caso, Héracles deificado) que determina o dever de cada um. Héracles determina que Filoctetes acompanhe os emissários prometendo-lhe saúde e glória.

O expediente de solucionar dificuldades cênicas com recursos não determinados pelo desenvolvimento interno da ação foi usado e abusado na história do teatro das formas mais variadas. Mostra em Sófocles a emergência de uma crise. O mundo reduzido a agentes só humanos fragmenta-se irrecuperavelmente. Para pôr ordem nas coisas, seria desejável a intervenção de entes divinos. Eles existem? Esta é a dúvida que inquieta filósofos, historiadores e poetas. Nos últimos anos, Sófocles já não é o homem piedoso que foi em outros tempos. Está muito próximo de Protágoras, Tucídides e Eurípedes. Deste adota técnicas teatrais. Recorrer ao sobre-humano na inquiridora Atenas soa irônico. A ironia devasta sentimentos piedosos.

• • •

Na tragédia *Édipo em Colono* culminam as inquietações de Sófocles. Onde estamos depois da morte? Fomos devorados pela natureza que nos deu a vida? Ninguém conhece o lugar. Vivemos na *aporia,* na falta de caminho. Nos monumentos estamos e não estamos. Os monumentos dizem que passamos. A morte leva para o indeterminado, fonte de todas as divisões. Daí a energia opera. O mundo aparente é o lugar das divisões, da aparência. Vivemos no discurso, nas marcas que deixamos. Assinalamos os lugares por onde passamos. Cada fotografia é um monumento: passei por aqui em tal data, em tais e tais circunstâncias. A fotografia tem sentido diferente do retrato artístico. Este eterniza, a fotografia capta o momento que se extingue, o momento único, irrecuperável.

Édipo disse, ao chegar em Atenas, que é portador da mensagem que manterá Atenas viva. O mistério é a mensagem. Do mistério a realidade se alimenta. O mistério torna a realidade porosa, o vocabulário, impreciso. A resposta precisa, sim ou não, encerraria a busca.

A paz das Eumênides, a paz do jardim das Eumênides, é a paz necessária à reflexão e à busca, que só pode ocorrer concluída a ação.

O que dizer da morte? Feitas as contas, toda a fala é sobre a morte. Toda fala se alimenta desse fundo, do não dito. Baixar a cabeça, desviar os olhos, não é atitude recomendada. Penetre-se no bosque com Édipo. Proibi-lo estimula a busca.

Passa a atuação do homem, a arte permanece, dá o último retoque à imagem que há de perdurar. A imagem do Édipo que entra no imaginário dos homens está completa.

A morte se faz poesia, é criadora. Faz pensar, está nos projetos, define atividades. Esse é o nada que faz falar. Zeus, que é natureza, manifesta-se em trovões. O poeta transforma os trovões em ritmos, em versos.

Donaldo Schüler

ÉDIPO EM COLONO

Prólogo*

Édipo:

Filha de um velho cego, Antígona minha,
a que terra chegamos, à cidade de que
povo? Quem se animará, hoje, a receber
Édipo, o vagabundo que aqui está?
Do pouco que peço, pouco me darão. Com   05
esmolas deverei contentar-me. Resignação
me ensinam, primeiro os sofrimentos, depois,
meus muitos anos, por fim, minha índole
heroica. Filhinha, vês algum lugar profano
ou um bosque sagrado em que possamos repousar? 10
Descansemos, ajuda-me a sentar. Perguntemos
onde estamos. Como estrangeiros, convém
saber de nativos o que devemos fazer.

Antígona:

Desventurado Édipo, paizinho querido, lá longe
muralhas cercam uma cidade, se vejo bem.   15
O lugar em que estamos é sagrado a crer

---

* *Prólogo*: o prólogo antecede a entrada do coro e é constituído por um monólogo ou um diálogo. O prólogo é o lugar da exposição. Pode haver já aí caracterização de personagens e princípio de ação como em *Édipo Rei*. As duas tragédias mais antigas de Ésquilo, *As suplicantes* e *Os persas*, não têm prólogo. Começam imediatamente com o párodo. A forma destas duas tragédias é provavelmente a originária. (N.E.)

na exuberância dos loureiros, das oliveiras,
das vides e no canto alado dos rouxinóis pelos ramos.
Descansa os membros nesta pedra rude.
Para um ancião, a jornada foi longa. 20

Édipo:
Quero sentar. Ajuda-me. Cuida deste velho que não vê.

Antígona:
O tempo é meu mestre, conheço meu dever.

Édipo:
O lugar em que estamos, sabes informar-me?

Antígona:
Sei que pisamos solo ateniense*, mas onde?

Édipo:
Foi o que os caminhantes nos diziam. 25

Antígona:
O nome desta região... Queres que eu vá me informar?

Édipo:
Vai, filhinha. É desabitado o lugar em que paramos?

---

* Diz-se solo ateniense, porque Colono pertence a Atenas. Por esta razão, os habitantes de Colono serão chamados de atenienses. (N.E.)

Antígona:

Pelo contrário. Há moradores. Parece-me que teremos
informação. Vejo um homem aproximar-se de nós.

Édipo:

Vem para cá? A passo largo?

30

Antígona:

Já chegou. Pergunta-lhe o que queres
saber. Ele está aqui.

Édipo:

Caríssimo transeunte, minha filha – ela vê
por ela e por mim – informou-me de
tua chegada providencial. Podes orientar-nos? 35

Transeunte:

Antes de pedir quaisquer informações, sai
deste lugar. Puseste os pés em território reservado.

Édipo:

Que território é este? Foi consagrado a algum dos deuses?

Transeunte:

É inviolável, inabitável. A deusas temíveis
pertence, filhas da Terra e do negro Abismo. 40

ÉDIPO:

Com que nome sagrado deverei invocá-las?

TRANSEUNTE:

Eumênides*, as que veem tudo, o povo daqui
as chama assim; nomes outros e belos alhures terão.

ÉDIPO:

Acolham, pois, este suplicante em seu favor;
o assento desta terra, nunca mais o deixarei.   45

TRANSEUNTE:

Como assim?

ÉDIPO:

Este é o sinal da minha desdita.

TRANSEUNTE:

Longe de mim a ousadia de expulsar-te
sem a decisão da cidade, sem instruções para agir.

---

* *Eumênides*: nome eufemístico para as Erínias (ou as Fúrias, segundo tradição romana). Trata-se de três entidades, Alecto, Tisífone e Megera, nascidas da terra regada pelo sangue de Urano quando este foi mutilado por Crono. São divindades que se ocupam, sobretudo, de vingar crimes, especialmente atentados contra membros da família. Eumênides ("As Benfazejas") era o epíteto que usavam aqueles que temiam enfurecê-las. (N.E.)

ÉDIPO:
Pelos deuses, senhor, não me desprezes.
Sou andarilho. Rogo-te que me respondas.   50

TRANSEUNTE:
Fala; de mim não receies desprezo.

ÉDIPO:
Que região é esta em que estamos?

TRANSEUNTE:
Se me deres ouvidos, saberás tudo que sei.
Toda esta região é santa, protegida pelo
venerado Posidon. Presente também está   55
Prometeu, o titã, doador do fogo. O solo que
pisas chama-se Umbral de Bronze, baluarte
de Atenas. As terras circunvizinhas orgulham-se
de ter como patrono o cavaleiro Colono.
O nome dele distingue estes moradores,   60
reconhecidos como dele por todos.
É como te digo, estrangeiro. Embora pouco
divulgado, aqui veneramos o cavaleiro.

ÉDIPO:
Isso significa que esta região é habitada?

Transeunte:

Com certeza, e todos os moradores levam o nome
      [deste herói.   65

Édipo:

São governados por alguma autoridade ou pelo povo?

Transeunte:

Quem nos governa é o rei na cidade.

Édipo:

A autoridade que detém palavra e poder, quem é?

Transeunte:

Chama-se Teseu, filho e sucessor de Egeu.

Édipo:

Alguém de vós poderia levar-lhe mensagem?   70

Transeunte:

Com que objetivo? Para dizer que estás aqui ou para
      [pedir que venha?

Édipo:

Para informá-lo de que, com um pequeno favor,
      [muito lucrará.

TRANSEUNTE:

Que proveito poderá trazer-lhe um homem que não vê?

ÉDIPO:

A palavra que trago vê tudo.

TRANSEUNTE:

Sabes, estrangeiro, como não cair em falta? Pareces 75
bem-nascido, estrangeiro, castigado por
divindade adversa. Fica onde estás, falarei
aos cidadãos daqui, não aos da cidade,*
para que venham ver-te. Estes decidirão
se podes ficar ou se deverás prosseguir viagem. 80

ÉDIPO:

Filhinha, o viandante já partiu?

ANTÍGONA:

Partiu. Tudo está tranquilo, paizinho.
Podes falar. Estamos sós.

ÉDIPO:

Rainhas do olhar apavorante, visto que repouso 85
encontro primeiro em território que presidis,
não vos mostreis inflexíveis contra Febo nem contra

---

* Com "cidadãos daqui", Sófocles refere-se aos naturais de Colono, em oposição aos "da cidade", que seriam os de Atenas. (N.E.)

mim. Ele me anunciou que, ao cabo de longos anos,
alívio eu acharia para meus muitos sofrimentos
em território remoto onde deusas preclaras
me concederiam asilo. Lá eu venceria 90
a última etapa de minha infausta vida, lá eu
viveria para ventura dos que me acolhem
e maldição dos que me expelem, escorraçam.
Anunciou-me também os sinais associados:
sismos, trovões e raios lançados por Zeus. 95
Reconheço-o agora; um presságio seguro,
vindo de vós – não pode ser diferente –
trouxe-me a este bosque. De outra maneira,
nunca, errante, vos teria achado primeiro (sóbrias
vós, eu, abstinente), nem sobre esta sacra pedra 100
não talhada me teria eu assentado. Deusas minhas,
atentas ao vaticínio de Apolo, concedei-me concluir
aqui meus dias, concedei-me tranquilidade,
se não vos pareço indigno, eu, castigado
pelos mais severos sofrimentos humanos. 105
Vamos, doces filhas do antigo Abismo,
vamos, cidade celebérrima, Atenas, honrada
por todos com o insigne nome de Palas,
tende piedade deste Édipo, mísera imagem
de homem, carcaça envelhecida. 110

Antígona:

Silêncio! Aproximam-se homens curvados pelos anos
para constatar, parece, teu repouso neste sítio.

ÉDIPO:

Guardarei silêncio. Afasta-me do caminho,
oculta-me no bosque, quero limitar-me
a escutar as palavras. Instruir-se bem   115
acompanha o saber dos que agem.

CORO*
PÁRODO**
Estrofe 1
Atenção! Quem era ele? Onde está?
Onde se escondeu
o perseguido por todos,
de todos o mais arrogante?   120
Pergunta, investiga,
vasculha, devassa.
Andarilho, andarilho é o velho, não

---

* *Coro*: o coro movimenta-se dançando e cantado de 20 a 200 versos conforme a intensidade que empresta à ação. A ode, cantada ao som da música, divide-se em *estrofes* e *antístrofes*. A antístrofe, com o mesmo esquema métrico da estrofe precedente, representa movimento contrário ao executado na estrofe. O épodo encerra a tríade de estrofes e antístrofes com um esquema métrico diferente. A estrofe nem sempre é seguida imediatamente pela antístrofe. Entre estrofe e antístrofe pode aparecer uma série de versos falados por um ou mais caracteres. Este recurso aparece nas peças mais antigas, o que parece indicar a forma inicial do teatro em que ator e coro dialogavam. Exemplo desse procedimento, chamado *epirremático,* encontramos em *Filoctetes.* (N.E.)

** *Párodo*: a entrada do coro na orquestra, lugar que lhe é reservado, chama-se párodo. O párodo acentua a emotividade, sublinha a ação ocorrida no palco. É-lhe atribuída a exposição emocional da peça. (N.E.)

pode ser daqui.
Fosse, não teria ousado 125
pôr os pés no bosque sagrado
das temidas donzelas,
cujo nome com terror proferimos;
ao passar,
baixados os olhos, 130
sem voz, sem palavras
preces afloram nos lábios,
e agora um qualquer
irreverentemente penetra;
devassarei tudo, o quanto posso, 135
nesta paragem sagrada,
saberei onde se acoita.

ÉDIPO:
É a mim que procurais; vejo com os ouvidos,
como sabem.

CORIFEU*:
Santos céus, 140
terrível de ver, terrível de ouvir!

ÉDIPO:
Não me considereis, suplico, um sem lei.

CORIFEU:
Zeus protetor, quem é, então, o velho?

---

* *Corifeu*: regente ou diretor do coro no antigo teatro grego, responsável individual por algumas das falas. (N.E.)

ÉDIPO:

Não me coube em absoluto a parte
melhor, guardiães desta terra. 145
Explico-me: eu não andaria
conduzido por olhos de outrem,
a âncora deste peso não seria esta jovenzinha.

CORO:

Antístrofe 1

Ah, olhos mortos!
Foste gerado em desgraça? 150
Largos anos arrastas, vê-se.
Mas, quanto a mim,
não acrescentarás a estes,
novos infortúnios.
Muito avançaste, muito; não caias 155
no silencioso
vale relvado
onde em crateras votivas
confluem
correntes de linfa e de mel, 160
destes, atormentado estrangeiro,
aparta-te, não ouses tocá-los.
Dilatada distância
nos separa.
Ouves-me, mortificado andarilho? 165
Se conosco queres trocar

palavra, sai do inviável; no território
em que a lei nos ampara
falarás; silêncio até lá.

ÉDIPO:
Que decisão tomar, filha? 170

ANTÍGONA:
Convém atender aos cidadãos, paizinho,
por que resistir? Obedeçamos.

ÉDIPO:
Dá-me a mão.

ANTÍGONA:
Aqui a tens.

ÉDIPO:
Senhores, serei tratado com justiça?
Confiante em vós, aproximo-me. 175

CORIFEU:
Com certeza, senhor. Deste lugar,
ninguém te tirará contra tua vontade.

ÉDIPO:
Estou indo.

Estrofe 2
CORIFEU:
Mais alguns passos.

ÉDIPO:
Até aqui?

CORIFEU:
Guia-o, minha jovem.
Mais perto. Percebes? 180

ANTÍGONA:
Segue-me, paizinho. Pisa com
cuidado. Por aqui.

CORIFEU:
No estrangeiro, sofredor
alquebrado, não pratiques 185
o que a cidade abomina,
respeita o que ela preza.

ÉDIPO:
Está bem, leva-me, filha, a um lugar
em que possamos dizer e ouvir o que
pensamos sem ofender leis sagradas 190
nem gerar conflitos gratuitos.

Corifeu:
Ali. Não ultrapasses
essa plataforma rochosa.

Antístrofe 2
Édipo:
Aqui?

Corifeu:
Já disse que aí está bem.

Édipo:
Posso sentar? 195

Corifeu:
Lá no alto. Sobre aquela pedra menor.
Inclina-te e te acomoda.

Antígona:
Devagar, paizinho.
No meu ritmo. Passo a passo.

Édipo:
Ai, que desgraça! 200

ANTÍGONA:

Apoia teu corpo cansado
no braço de tua filhinha querida.

ÉDIPO:

Triste sina a minha!

CORIFEU:

Agora que estás acomodado, sofredor,
fala. Quem és tu?   205
Por que te torturam tantos sofrimentos?
Que terra me dirás que é tua?

ÉDIPO:

Amigos,
sou um expatriado, embora não...

CORIFEU:

Por que vacilas, velhinho?   210

ÉDIPO:

Não, não, não me perguntes quem sou.
Contenta-te com o que sabes.

CORIFEU:

Por quê?

ÉDIPO:
Infamante é minha origem.

CORIFEU:
Fala.

ÉDIPO:
Ai, de mim! Que dizer, minha filha?

CORIFEU:
Vamos, estrangeiro. Tua família, quem é teu pai?   215

ÉDIPO:
Desgraça! Que faço, minha filha?

ANTÍGONA:
Fala! Vai até ao fim.

ÉDIPO:
Está bem. Ocultar o quê?

CORIFEU:
Parem de embromar, adiante!

ÉDIPO:
De Laio, dum filho dele, ouviste falar?

Corifeu:
O quê?!   220

Édipo:
E da família dos Labdácidas?*

Corifeu:
Santo Zeus!

Édipo:
De um desdito Édipo?

Corifeu:
Esse, por acaso, és tu?

Édipo:
Não te espantes com o que digo.

---

* *Labdácidas*: descendentes de Lábdaco, avô de Édipo e pai de Laio. A descendência fora amaldiçoada pelos deuses porque Laio, em sua juventude, nutria uma paixão não natural por Crísipo, um rapaz filho de Pêlops. Este, furioso, jogou sobre Laio a maldição de morrer sem descendentes. Laio casou-se com Jocasta e tornou-se rei de Tebas, mas um oráculo lhe avisou que, em paga do seu amor mórbido por Crísipo, ele seria assassinado por seu filho, caso tivesse um herdeiro varão. Quando Jocasta dá à luz um menino, Laio ordena que seja morto, dando início aos acontecimentos narrados em *Édipo Rei*. De todo modo, ao nome de Labdácidas associa-se à ideia de desgraça familiar e maldição. (N.T.)

Corifeu:
Oh...Oh...Oh...Oh...

Édipo:
Raios!

Corifeu:
Oh!

Édipo:
Minha filha, o que vai acontecer? 225

Corifeu:
Já para fora desta terra! Desaparece!

Édipo:
Não vais cumprir o que prometeste?

Corifeu:
Não será castigado quem executa o que
o destino determinou. Todo engano 230
provoca outros enganos. Convém punir
o enganador; recompensá-lo, não.
Levanta-te já desse assento,
fora daqui, para longe desta terra.
Não contamines com teu 235
infortúnio minha cidade.

ANTÍGONA:
Estrangeiros
benevolentes, visto que
meu velho pai não vos comove embora
tenhais ouvido a voz de quem cometeu atos   240
involuntários, tende misericórdia,
ao menos, de mim, amigos. Revestida
de negra dor, meu olhar aceso
penetra em vosso olhar, falo-vos como
alguém do vosso próprio sangue.   245
Que vosso favor contemple o desventurado.
Em vós, como nos braços de um deus,
desditos repousamos. Vamos,
dispensai o não esperado favor.
Rogo-vos pelo que tendes de mais caro: 250
filhos, esposa, bens, deus.
Para onde quer que olhardes, não vereis mortal
que possa escapar se um deus o persegue.

Primeiro episódio*

Corifeu:

Não duvides, filha de Édipo. Comovidos
estamos. Vosso infortúnio nos aflige.   255
Mas as deusas nos fazem tremer. Não nos
é permitido desdizer o que há pouco declaramos.

Édipo:

De que vale a glória, de que vale o renome
luzente que em vão se difunde?
Não enaltecem o nome da piedosa Atenas   260
como singular na proteção a estrangeiros
perseguidos, como única em prestar auxílio?
Que benefício me traz este renome,
se me arrancais deste assento, se me banis,
só porque meu nome vos assombra? Não   265
me refiro a meu aspecto, nem aos meus atos.

---

* *Episódio*: os episódios apresentam as diferentes fases da ação. No fim de cada episódio, a ação costuma intensificar-se. De modo geral, no primeiro episódio, seguido por um *estásimo*, começa a ação. Os estásimos interrompem a ação e dividem a tragédia em vários episódios, de número variável de peça a peça. No tempo de Menandro e de Sêneca, tornou-se usual distribuir a ação em cinco conjuntos, origem dos cinco atos do teatro moderno. A *peripécia*, ou mudança de destino, costuma ocorrer no último episódio, isto é, antes do último estásimo. (N.E.)

Quanto a estes, o sofrido supera o cometido,
desde os temidos desacertos de minha
mãe e de meu pai. Sei o que digo. Como
poderia eu ser taxado de mau por natureza 270
se revidei a agressões? Se tivesse pensado ao
agir, teria incorrido em crimes? Ignorante de
tudo, cheguei ao lugar em que estou. Quanto a
padecimentos, fui aniquilado por aqueles que
tudo sabem. Rogo-vos, amigos, ante os deuses, 275
tirastes-me da guarda divina, dai-me proteção
agora. Se é verdade que temeis aos deuses,
não os priveis da honra que lhes cabe. Sabei
que contemplam os homens piedosos e que
punem os que praticam a impiedade. 280
Escape para injustos não haverá jamais.
Se estais com eles, não empaneis o brilho da
favorecida Atenas com ações injustas.
Visto que acolhestes este suplicante,
não me negueis ajuda agora. Vendo esta 285
cara desfigurada, não a desonreis.
Venho revestido com o manto da piedade
e trago benefícios a estes cidadãos.
Na presença do Senhor, guia vosso, quem
quer que seja, falarei, sereis informados 290
de tudo. Entrementes não incorrais em erro.

CORIFEU:

Sinto-me constrangido a acatar tuas reflexões,

ancião. Argumentaste com palavras de modo
algum desprezíveis. Devo, entretanto,
consultar as autoridades desta terra. 295

Édipo:

E onde, senhores, se encontra o governante deste país?

Corifeu:

Na capital, cidade de seus antepassados. Um mensageiro,
o mesmo que me avisou, há de procurá-lo.

Édipo:

Pensais que, por consideração a um cego,
ele interromperá seus afazeres? 300

Corifeu:

Ouvindo teu nome, com certeza.

Édipo:

E quem lhe dirá que o cego sou eu?

Corifeu:

A distância é grande. Entretanto, notícias incomuns
costumam correr rápidas. Ao ser alertado, podes ter
certeza de que não demorará. Teu nome, ancião, 305
inquieta todos. Ainda que normalmente o rei seja
lento, sabendo de ti, se porá a caminho.

ÉDIPO:

Que venha para meu bem e para o bem desta
cidade. Quem não é amigo de si mesmo?

ANTÍGONA:

Por Zeus! Que dizer? Para onde me levam
    [os pensamentos, paizinho?   310

ÉDIPO:

Antígona! O que aconteceu, minha filha?

ANTÍGONA:

Uma mulher,
montada numa jumenta do Etna,*
aproxima-se de nós. Um chapéu
de sol tessaliano cobre-lhe o rosto.
Que digo?   315
É? Não é? As imagens se embaralham.
Sim, não. Já não sei o que dizer.
Estou perdida.
Não é outra. Vem aos abanos, os olhos
brilham. Pelo que vejo, só pode ser   320
uma única, minha querida irmã Ismene.

---

* Uma variedade equestre criada nos arredores do monte Etna, na Sicília, que gozava de prestígio na Grécia. (N.E.)

ÉDIPO:

Ouvi bem, minha filha?

ANTÍGONA:

Vejo tua filha,
a que tem o meu sangue. Em breve a voz o confirmará.

ISMENE:

Meu pai, minha irmã, quanta alegria!
Mil saudações! Quanto sofri para vos 325
achar! Como sofro ao ver-vos!

ÉDIPO:

És tu, minha filha?

ISMENE:

Quanta desgraça a meus olhos!

ÉDIPO:

Estás aqui, filhinha!

ISMENE:

Com quanto sacrifício!

ÉDIPO:

Abraça-me, filha.

ISMENE:
Quero ambos nos meus braços.

ÉDIPO:
Ambas, minha carne, meu sangue.

ISMENE:
Lastimáveis, duplamente.   330

ÉDIPO:
Tua irmã e eu?

ISMENE:
Na desgraça, sou a terceira.

ÉDIPO:
Por que vieste, filha?

ISMENE:
Preocupada por ti, meu pai.

ÉDIPO:
Querias ver-me?

ISMENE:
E trazer-te notícias, acompanhada
deste escravo, o único que nos permaneceu fiel.

ÉDIPO:

E teus irmãos, onde estão esses rapazes? O que fazem? 335

ISMENE:

Estão onde estão. As coisas vão mal.

ÉDIPO:

Imitam em tudo os costumes egípcios,
na índole e no modo de viver. Lá os homens
não saem de casa, tecem, acomodados
em poltronas, ao passo que as companheiras 340
saem para cuidar da subsistência. Caberia
a eles enfrentar as dificuldades que vos afligem,
preferem, entretanto, ocupações domésticas
como donzelas, deixam-vos a tarefa de cuidar
dos meus infortúnios. Tua irmã, quase uma 345
criança, nos primeiros lampejos da juventude,
solidária comigo na desgraça, anda errante
a conduzir este velho, por matagais agrestes
muitas vezes, sem alimento, sem sandálias,
exposta a intempéries e ao ardor solar, cansada, 350
a desventurada deixa o conforto doméstico
para que não falte amparo ao pai. E tu, filha,
te adiantaste para trazer vaticínios novos
ao pai, fugindo da vigilância dos cadmeus*,

---

* *Cadmeus*: como também eram chamados os tebanos. Cadmo foi um príncipe fenício que fundou a cidade de Tebas. (N.E.)

tu me valeste quando fui expulso da cidade, 355
tu me apareces agora como protetora fiel.
Agora, Ismene, que mensagem trazes ao pai?
Por que empreendeste esta viagem? Não vens
sem motivo, disso tenho certeza, tampouco
creio que sejas portadora de aflições. 360

ISMENE:

Eu, as dificuldades que enfrentei, paizinho,
para achar o lugar em que ocultas o resto dos
teus dias, não quero recordá-las. Narrar privações
depois de viver tormentos seria sofrer dobrado,
isso não quero. Os males que pesam sobre teus 365
desventurados filhos, é disso que vim falar-te.
Deixar o trono a Creonte para não macular
a cidade, esta foi a primeira causa de discórdia.
A discussão revelava preocupação com
o mal que aflige tua casa. Mas agora, 370
vindo de um deus e do coração perverso,
eclodiu entre os dois nova rixa devastadora,
a posse do governo, do poder monárquico.
No conflito entre os dois irmãos, o mais
jovem, contrariando a lei sucessória, arrebata 375
o trono e expulsa Polinice do país.
Segundo informação agora divulgada entre nós,
o exilado desceu ao vale de Argos, constituiu
família nova e aparelha um exército de amigos
para que em breve Argos mande na planície dos 380

cadmeus ou que a glória argiva toque os céus.
Não te atribulo com torrentes verbais, trago
fatos apavorantes. Até onde os deuses hão de levar
teus sofrimentos antes de mostrarem piedade, eu não sei.

Édipo:

Tens alguma esperança de que um dia os deuses   385
se mostrarão solícitos e me concederão alívio?

Ismene:

Tenho, pai, depois dos últimos oráculos.

Édipo:

Os últimos? O que determinam, filha?

Ismene:

Que tu um dia trarás vida mansa a homens
que vierem buscar-te aqui, vivo ou morto.   390

Édipo:

Que benefício poderão esperar de um homem como eu?

Ismene:

Consta que em ti repousa a força deles.

Édipo:

Quando já não sou nada, ainda serei homem?

ISMENE:
Erguem-te agora os deuses que antes te abateram.

ÉDIPO:
Erguer um velho que caiu quando jovem é ridículo.   395

ISMENE:
Creonte, asseguro-te, virá te procurar em breve,
tangido por esse oráculo. Não há de demorar.

ÉDIPO:
Para fazer o quê? Explica-me.

ISMENE:
Para te estabelecer perto da terra de Cadmo,
assim te dominarão sem que pises território tebano.   400

ÉDIPO:
Eu próximo de Tebas, que vantagem isso lhes trará?

ISMENE:
A ruína de teu túmulo pesaria sobre eles.

ÉDIPO:
Isso saberíamos mesmo sem a palavra de um deus.

ISMENE:
Por essa razão não querem que sejas senhor de ti,
mas que estejas perto do território deles. 405

ÉDIPO:
Cobrirão meu túmulo com pó tebano?

ISMENE:
Sangue igual ao teu, por ti vertido, o impede, pai.

ÉDIPO:
Não me terão em suas mãos jamais.

ISMENE:
Essa decisão será um peso para os cadmeus.

ÉDIPO:
Em que circunstâncias, filha? 410

ISMENE:
Atingidos por tua ira, quando se aproximarem
    [do teu túmulo.

ÉDIPO:
Ouviste de alguém o que dizes, filha?

ISMENE:
De delegados nossos aos jogos délficos*.

ÉDIPO:
Foi isso, então, o que Apolo disse de mim?

ISMENE:
Foi o que anunciaram os delegados ao retornarem a
            [Tebas.   415

ÉDIPO:
Meus filhos sabem disso?

ISMENE:
Tanto um como o outro, ambos estão muito bem informados.

ÉDIPO:
Miseráveis! Assim instruídos,
pensam mais no poder do que na minha dor.

ISMENE:
Dói-me o que sei, mesmo assim o transmito.   420

ÉDIPO:
Que os deuses não extingam essa rixa
providencial, caiba a mim pronunciar
a última palavra sobre este conflito

---

* Os atenienses enviavam, regularmente, tais delegados para consultar o oráculo de Delfos (N.E.)

de lanças erguidas contra lanças.
Não prospere o que agora coroado 425
ocupa o trono nem o arrebate o filho
que agora vive no exílio. Para reter-me,
eu que lhes dei a vida, vilmente expelido,
não fizeram nada. Humilhado, baniram-me,
condenaram-me a viver no estrangeiro. 430
Direis que a cidade me concedeu o que eu
pedia, que recebi o exílio como prêmio.
Não é verdade. Naquele dia, quando eu
ardia no fogo da fúria, quando mais doce
me teria sido morrer, perecer lapidado, 435
ninguém apareceu para satisfazer meu desejo.
Com o tempo, amadurecida a dor mortificante,
compreendi que o tormento que me triturou
foi castigo mais severo que erros cometidos.
Assolado pela dúvida, a cidade, recorrendo 440
à violência, me baniu. Eles, meus próprios filhos,
embora pudessem valer-me, não se dignaram
a tanto. Uma palavrinha salvaria
o pai da desgraça, e, miserável, parti para sempre.*

---

* Édipo amaldiçoa seus filhos homens, Etéocles (mais novo) e Polinice (mais velho), que, temendo a desgraça que poderia cair sobre a cidade, caso essa abrigasse um parricida incestuoso, o baniram, já cego, de Tebas, em um episódio posterior a *Édipo Rei* e anterior a *Édipo em Colono*. Conforme ficamos sabendo por Ismene, oráculos posteriores à saída de Édipo da cidade fizeram a família dele desejar a sua volta, por razões políticas: a terra onde descansasse o corpo do filho de Laio sairia vencedora contra Tebas. (N.E.)

Mas estas, embora sejam donzelas, no limite de 445
suas forças, me alimentam, me agasalham,
com afeto me socorrem, destemidamente.
Enquanto que meus filhos, em lugar de quem
os gerou, elegeram trono, cetro, poder, mando.
Não esperem que eu os ampare, jamais 450
o cetro da cidade de Cadmo verdejará
em suas mãos. Eu o afirmo, ao ouvir
os novos vaticínios, lembrado de antigas
declarações de Febo sobre meu destino*.
Venha Creonte ou outro por eles 455
enviado, com voz de mando. Se vós,
senhores, amparados por estas sacrossantas
divindades protetoras, me socorrerdes
com mão forte, suscitareis segurança
para esta cidade e trabalho para inimigos. 460

Corifeu:

Mereces, Édipo, nosso amparo, tuas filhas também.
Visto que te apresentas como protetor
desta terra na palavra que acabas de proferir,
permite-me que te transmita o que te convém.

Édipo:

Caríssimo, quero seguir-te em tudo. 465

---

* Trata-se das profecias de que Édipo mataria seu pai e desposaria sua mãe. (N.E.)

Corifeu:

Purifica-te com sacrifício oferecido às deusas que primeiro te receberam ao pisares território delas.

Édipo:

Como proceder, amigo? Gostaria de saber.

Corifeu:

Precedem libações colhidas em fonte sempre
viva e ofertadas com mãos sem mácula. 470

Édipo:

E concluída a libação?

Corifeu:

Encontrarás vasos, obra de mão de mestre.
Adorna-lhes o peito e ambas as asas.

Édipo:

Com ramos, com flocos, que outros adornos?

Corifeu:

Com lã de cordeirinho, de tosquia recente. 475

Édipo:

Está bem! Que devo fazer depois?

Corifeu:
Libações. De pé, voltado para o levante.

Édipo:
Com os vasos que mencionaste?

Corifeu:
Sim. Três vezes; o último verterás inteiro.

Édipo:
O que deverá conter este último? Sabes?   480

Corifeu:
Água e mel; vinho, não.

Édipo:
Que farei depois de umedecer a terra vestida de sombra?

Corifeu:
Deverás cobrir o solo três vezes com nove ramos de oliveira e proferir esta prece.

Édipo:
Terei muito prazer em ouvi-la. É o ponto
    [culminante.   485

Corifeu:

Visto que as invocamos como Benfazejas, convém
que tua prece de benfeitor proceda de coração benévolo,
proferida por ti ou por alguém em teu lugar,
mas em tom suave, sem exaltações.
Afasta-te, então, sem voltar o rosto. Satisfeitos estes   490
preceitos, ousarei tratar contigo,
de outra forma, estrangeiro, o temor me deterá.

Édipo:

Ouvistes, filhas, as palavras dos nossos vizinhos?

Antígona:

Ouvimos. Determina, e tomaremos providências.

Édipo:

Grato. Para mim isso é impraticável. Dois males   495
me assolam: faltam-me forças e não enxergo.
Uma de vós duas providencie o necessário.
Um coração bondoso vale por mil para
cuidar, penso, dessa tarefa.
Há, entretanto, urgência. Mas não me   500
deixeis só. Meu corpo está debilitado,
já não consigo andar sem ajuda.

Ismene:

Deixa a tarefa comigo. Mas o lugar em que devo
executá-la, onde fica? Gostaria de sabê-lo.

CORIFEU:

É por aqui, forasteira. Deste lado do bosque. Se   505
tiveres necessidade de algo, o guarda te instruirá.

ISMENE:

Grata. Agora posso ir. Antígona, cuida bem de
nosso pai. O trabalho realizado por quem nos
gerou nunca deverá ser lembrado.

*Primeiro estásimo**
Estrofe 1
CORIFEU:

Doloroso é evocar um mal há tanto tempo
acontecido, forasteiro,   510
contudo, eu gostaria de conhecer...

ÉDIPO:

O quê?

CORIFEU:

O infortúnio, a dor sem saída em que submergiste.

---

* *Estásimo*: chama-se estásimo a ode coral executada quando o coro já se encontra na orquestra. Estásimos e episódios se alternam. Os estásimos foram substituídos, em período mais recente, por *embólimos,* interlúdios desvinculados da ação. (N.E.)

ÉDIPO:

Em nome da hospitalidade, amigo,
não revolvas atos vergonhosos.   515

CORIFEU:

Fala-se muito, ninguém o abafaria.
Gostaria de ouvir, forasteiro, uma versão correta.

ÉDIPO:

Piedade!

CORIFEU:

Não te recuses, rogo.

ÉDIPO:

Por quê, por quê?

CORIFEU:

Fala e terás o meu auxílio.   520

Antístrofe 1

ÉDIPO:

Cometi crimes, amigos. Cometi.
Mas, saibam os deuses, contra a vontade.
Voluntariamente não pratiquei mal algum.

CORIFEU:
Como assim?

ÉDIPO:
Tebas amarrou este ignorante a um leito impuro.   525
Foi castigo.

CORIFEU:
Ouço coisas inomináveis,
que dormiste com tua própria mãe.

ÉDIPO:
Maldição! Estas palavras ferem-me de morte,
estrangeiros. E há estas jovens...   530

CORIFEU:
Que há com elas?

ÉDIPO:
São minhas filhas,
as infelizes.

CORIFEU:
Por Zeus!

ÉDIPO:
Fruto do ventre da minha mãe.   535

Estrofe 2

CORIFEU:
Estas moças são filhas tuas...?

ÉDIPO:
Sou pai de minhas irmãs.

CORIFEU:
Oh...!

ÉDIPO:
Oh! O mal me ataca de mil maneiras.

CORIFEU:
Padeces...

ÉDIPO:
O que padeço nunca se apaga.

CORIFEU:
Cometeste...

ÉDIPO:
Não cometi.

CORIFEU:
Como assim?

ÉDIPO:

A paga
que recebi, desdito, da minha cidade   540
nunca me deveria ter atingido.

Antístrofe 2

CORIFEU:
Infeliz, por quê? Cometeste um crime...

ÉDIPO:
Que crime? A quem te referes?

CORIFEU:
Ao pai.

ÉDIPO:
Inacreditável, abres uma ferida sobre outra.

CORIFEU:
Tu o mataste?

ÉDIPO:
Matei. Mas foi...   545

CORIFEU:
Foi o quê?

Édipo:
Foi sem culpa.

Corifeu:
Sem culpa?

Édipo:
Explico-me.
Sem querer matei, aniquilei.
Estou limpo, agi sem saber.

Segundo episódio

Corifeu:
Aqui está Teseu, nosso soberano, filho de
Egeu, atendeu a teu pedido. 550

Teseu:
Como já ouvi falar muitas vezes da destruição
sanguinolenta dos teus olhos concluí que
eras tu, filho de Laio, o que me foi confirmado
por informações recebidas no caminho.
Tuas vestes e teu rosto desfigurado 555
nos confirmam seres quem és. Condoído,
aqui estou, desventurado Édipo, para saber
o que desejas desta cidade e de mim,
tu e tua desdita companheira.
Explica-te, pois. Deverias rogar medidas 560
inviáveis para que eu me opusesse.
Lembro-me que também eu vivi no exílio
como tu, e em terra estranha enfrentei mil
males, lançados contra meu peito, de sorte
que estrangeiro nenhum, na tua situação, 565
eu afastaria nem lhe negaria ajuda. Visto
que sou homem, o dia de amanhã, um
fardo para ti, não será mais leve para mim.

ÉDIPO:

Teseu, que poderia eu acrescentar a teu breve
discurso, esplendente de nobreza? Direi pouco.   570
Quem sou, quem são meus pais,
de que terra venho, tu o sabes sobejamente.
Não me resta nada a dizer
além do que necessito e terei terminado.

TESEU:

Declara o que desejas. Estou aqui para te ouvir.   575

ÉDIPO:

Ofereço-te meu corpo desfigurado
como presente, desprezível aos olhos; contudo,
benefício vale bem mais que belo aspecto.

TESEU:

Que lucro poderias trazer-me?

ÉDIPO:

O tempo o dirá, não poderás sabê-lo agora.   580

TESEU:

Quando se manifestará o benefício?

ÉDIPO:

Quando eu tiver morrido, e tu me tiveres dado sepultura.

Teseu:
Referes-te ao fim. Ignoras o tempo
que ainda te resta, ou desprezas a vida?

Édipo:
No momento, cada hora me é ganho. 585

Teseu:
O favor que rogas se reduz a bem pouco.

Édipo:
Cuidado! Pouco não é. Haverá luta.

Teseu:
Falas de teus filhos ou de mim?

Édipo:
Eles procurarão tirar-me daqui à força.

Teseu:
Se querem levar-te, não convém resistir. 590

Édipo:
Quando quis ficar, eles não o permitiram.

Teseu:
Insensato, rancor não beneficia quem vive em situação
[deplorável.

ÉDIPO:
Melhor informado, poderás repreender-me; não, agora.

TESEU:
Fala. Não quero decidir mal-informado.

ÉDIPO:
Teseu, infortúnios sobre infortúnios me atormentam.   595

TESEU:
Falas das antigas aflições de tua gente?

ÉDIPO:
Não, essas já estão na boca de todos os gregos.

TESEU:
Acaso padeces de males que excedem forças humanas?

ÉDIPO:
Exato. Fui expulso da minha terra
pelos filhos da minha carne. Foi-me   600
expressamente proibido retornar, por ser parricida.

TESEU:
Então, por que haveriam de procurar-te se te expulsaram?

Édipo:
Voz divina os constrange.

Teseu:
Que privações anunciadas os intimidam?

Édipo:
Serem derrotados por esta terra. 605

Teseu:
Que hostilidades poderiam lançar-nos contra eles?

Édipo:
Filho de Egeu, caríssimo amigo, só deuses não
são agredidos pela velhice nem pela morte,
os demais sucumbem todos à prepotência do tempo.
Esgota-se o vigor da terra, decai o corpo, 610
morre a fidelidade, a infidelidade prospera,
nem sempre ventos favoráveis
impelem amigos ou povos. Para uns e outros,
mais cedo ou mais tarde, a amargura corrompe
laços fraternos ou se regenera a fraternidade. 615
A harmonia prospera agora entre Tebas e
ti, mas o tempo infindo, ao passar,
infindas noites gera,
infindos dias em que a lança golpeia
harmoniosas afabilidades por palavra fútil. 620

Então meu corpo a repousar em sono glacial
beberá na tumba cálido sangue de tebanos,
se Zeus é Zeus, e se Febo, o filho de Zeus, sabe.
Não me delicia, porém, declarar arcanos inflexíveis.
Permite que me cale aqui. Se mantiveres 625
tua palavra, jamais dirás que recebeste Édipo
como hóspede sem proveito algum para
esta terra, a não ser que os deuses me iludam.

CORIFEU:

Senhor, este homem insiste em dizer
que trará benefícios a esta terra. 630

TESEU:

Quem, na verdade, recusaria proteção a um homem
benevolente? Meu lar será sempre o lar
de um aliado leal igual a este. Aproxima-se agora
suplicante destas deusas com promessa de dons
generosos para mim e para esta terra. 635
Prezo-os. Jamais recusaria tamanha generosidade.
Estabeleça-se neste país.
Se ao estrangeiro agrada permanecer aqui,
ordeno-vos que lhe deis proteção. Mas se preferes,
Édipo, acompanhar-me, deixo-o 640
à tua escolha. Aqui estou a teu serviço.

ÉDIPO:

Ó Zeus, sê benévolo a gente assim.

Teseu:
O que decides? Vamos ao meu palácio?

Édipo:
Se me fosse permitido, mas este é o lugar...

Teseu:
Em que farás o quê? Não me oporei. 645

Édipo:
Em que triunfarei sobre os que me expeliram.

Teseu:
E prometes muito aos que te abrigam.

Édipo:
Assim é, se posso confiar na tua palavra.

Teseu:
Confia em mim. Não costumo quebrá-la.

Édipo:
A um homem assim, seria indigno pedir juramento. 650

Teseu:
O juramento não te daria mais do que a palavra
       [empenhada.

ÉDIPO:
Quais serão tuas providências?

TESEU:
O que te preocupa?

ÉDIPO:
Virão homens...

TESEU:
Estes saberão o que fazer.

ÉDIPO:
Olha, se me deixas...

TESEU:
Não queiras ensinar-me o que devo fazer.

ÉDIPO:
O receio me coage.

TESEU:
Meu peito não conhece receio. 655

ÉDIPO:
Não conheces as ameaças...

TESEU:

Sei que ninguém
te tirará daqui à força. Ameaças severas
não passam com frequência de palavras vazias,
produzidas pela cólera, mas a razão,
quando retorna, expele intimidações. 660
A arrogância pode tê-los levado a dizer que te
obrigarão a acompanhá-los, mas, crê-me, mar
imenso os distancia e te garanto que não é navegável.
Ânimo! Mesmo que falhasse minha proteção
garantida, poderias contar com Febo, que te enviou. 665
Mesmo que eu me retire, fica certo de que meu
nome te protegerá. Nada poderá molestar-te.

CORO:

Segundo estásimo
Estrofe 1
À terra dos corcéis, vieste, amigo,
à mais próspera região desta terra,
Colono resplendente 670
onde cantos plangentes
entoa frequentes o rouxinol
nos verdes vales
das heras cor de vinho,
das ramagens estendidas 675
sobre mil frutos divinos
contra os flagelos do sol, contra os rigores

de ventosos invernos,
lugares frequentados pelo arrebatado
Dioniso com o séquito de deusas nutrizes. 680

Antístrofe 1

Estala em celeste rocio,
diário, o de esplêndidos cachos
narciso, vetusta coroa
de deusas excelsas e o açafrão
com brilhos de ouro, lá serpeiam 685
as fontes insones
das errantes correntes do Cefiso,
dia após dia
seu líquido puro penetra
em curto coito 690
a terra de generosos peitos,
dele não se apartam as Musas
dançantes, nem Afrodite
das rédeas de ouro.

Estrofe 2

Aqui medra uma planta 695
desconhecida, ao que sei, na Ásia
e que jamais verdejou
na grande ilha dória de Pélope*,
planta indomável que por si mesma se renova,

---

* Trata-se do Peloponeso, península ao sul da Grécia. (N. E.)

espalha medo entre as armas inimigas, 700
esplende soberana nesta terra
a negra oliveira*, nutriz de meninos**, guia
de jovens e de velhos, mão benfazeja de todos.
Vela sobre ela o poderoso Zeus,
o de olhos vigilantes 705
e a clarividente Atena.

Antístrofe 2

Outro louvor, esplendente tributo
a esta metrópole,
dádiva de um grande deus***,
orgulho maior desta terra: 710
fortes corcéis, potros velozes, soberbos navios.
Filho de Crono, Posidon soberano,
tu nos alçaste a tamanha glória,
tu por primeiro impuseste freio
aos cavalos nesta planície. 715
Com hábeis mãos,
aparelhaste o barco de
rápidos remos,
acólito de centípedas Nereidas.****

---

* Habitantes da Lacedemônia devastaram a região Ática mas, dizia-se, não encostaram nas oliveiras sagradas. (N.E.)

** Quando nascia um menino, os atenienses penduravam uma coroa de folhas de oliveira à porta da casa. (N.E.)

*** Trata-se de Posidon, especialmente cultuado em Colono. (N.E.)

**** Posidon era o deus das naus e dos cavalos. (N.E.)

Terceiro episódio

Antígona:

Solo enaltecido com tantos louvores, 720
chegou o momento de comprovar a fama luzente.

Édipo:

Qual é a novidade, minha filha?

Antígona:

Aproxima-se
Creonte, paizinho, não sem pomposa comitiva.

Édipo:

Amantíssimos anciãos, minha sorte
está em vossas mãos. 725

Corifeu:

Coragem! Estás protegido. Somos velhos,
mas a força desta terra nunca envelhecerá.

Creonte:

Nobres senhores, habitantes desta terra,
percebo que minha vinda inesperada
estampa medo em vossos semblantes. 730
Não há motivo de temor nem de palavras ásperas.
Não venho com intenção hostil. Sei que
a velhice me debilita e que me encontro

numa cidade forte, das mais poderosas da Grécia.
Fui enviado com a incumbência de persuadir   735
este senhor, também idoso, a regressar ao território
de Cadmo. Não a mando de um só, aqui estou como
emissário de todos os cidadãos. Doem-me também,
mais que a todos, as dores dele, outro motivo de minha
vinda, pois é meu parente. Lastimável Édipo,
     [ouve-me,   740
vamos para casa. Todos os cadmeus te chamam
com justiça, eu, mais que todos.
O mais vil dos homens eu seria,
se teus males não doessem, na minha carne, ancião,
vendo-te infeliz e exilado, andarilho   745
sem recursos, dependente do amparo
de uma jovem. Jamais poderia imaginar
que a coitada submergisse em miséria
tamanha, em que a vejo agora afundada,
preocupada incessantemente contigo,   750
com tua ração de mendigo. Nesse desamparo,
quem lhe proporia casamento, presa fácil
de um raptor?* Ai de mim, teu estado me
envergonha e a toda nossa gente. Mas como

---

* Ironicamente, Creonte lamenta o estado da sobrinha Antígona. Posteriormente, como se vê em *Antígona*, ele vai condená-la à morte, por desobedecer as suas ordens que exigiam que ninguém sepultasse o corpo de Polinice (seu sobrinho, irmão de Antígona, e filho de Édipo), depois que este e seu irmão, Etéocles, mataram-se um ao outro em guerra pelo trono de Tebas. Embora um acontecimento posterior na saga da família de Édipo, a *Antígona* de Sófocles foi escrita antes de *Édipo em Colono*. (N.E.)

esconder o que todos sabem? Em nome dos 755
deuses pátrios, ouve-me, cobre a mácula.
Dispõe-te a acompanhar-me à tua cidade,
ao palácio dos teus pais. Despede-te fraternalmente
desta terra. Deves-lhe favores. Deves, entretanto,
muito mais à tua cidade, que te amparou por muitos
    [anos. 760

ÉDIPO:

Do que não és capaz! Encobres intenções abjetas,
atos escusos com palavras dignas. Voltas a
estender-me a rede em cujas malhas
tanto padeci? Em outra oportunidade,
atormentado por males privados, 765
quando te roguei que me banisses,
negaste esse favor a mim que o suplicava,
depois, já farto de aflições e desejoso
de renovar as doçuras do lar, me
arrancaste, me arremessaste. Ao parentesco 770
não deste a mínima importância. E agora,
ao perceberes a benevolência desta cidade
e de toda esta gente, queres me arrastar
a amarguras com doces palavras. Por que
mostras afeto a quem te despreza? A situação 775
é esta: necessitado, faminto, ninguém te
ajuda, mas quando te sentes farto, quando
o afeto te inunda o peito, pessoas te vêm com
favores. Graça só interessa a desgraçados.
Não queiras me ludibriar com vantagens tolas. 780

Tua generosidade se reduz a isso:
vantagens verbosas encobrem atos vis.
Diante destes, declaro-te vilão. Vens
não para me conduzir ao palácio, mas
para instalar-me num rincão, com o propósito   785
de proteger a cidade de um ataque desta terra.*
Isso não acontecerá, acontecerá isto: meu gênio
vingador se instalará em Tebas para sempre.
A sorte de meus filhos é esta: a terra que
herdam de mim lhes cobrirá os corpos, nada mais.   790
De Tebas eu sei mais do que tu, muito mais,
minhas informações são bem mais seguras,
baseadas em Febo e em Zeus, pai dele.
Vens de boca ferina, bocas
não te faltam, mas te trarão o mal   795
em lugar das vantagens esperadas. Bem sei
que minhas palavras não te convencem.
Vai-te, deixa-me viver aqui. Ainda que aflito,
vivo melhor onde estou, pois tenho o que quero.

CREONTE:

Quem, na tua opinião, sai vencedor nesta disputa,   800
lucro eu ou lucras tu?

---

* Édipo compreende que Creonte quer levá-lo embora de Atenas para fugir ao oráculo que prevê glória sobre Tebas à cidade que abrigar o seu corpo. Entretanto, Creonte não tem intenção alguma de levá-lo de volta ao seu palácio, mas apenas a um lugar próximo a Tebas, de modo que Édipo continuaria sem pisar em sua terra e não a macularia. (N.E.)

ÉDIPO:

Tenho a satisfação de perceber que teus argumentos
não me comovem a mim nem os que me cercam.

CREONTE:

Desmiolado! Nem com os anos crias
juízo? A idade acumula porcaria na cabeça?   805

ÉDIPO:

Tua língua é mordaz. Não conheço homem algum que
saiba dizer a palavra apropriada em qualquer ocasião.

CREONTE:

Pensas que curto de língua dizes o que convém?

ÉDIPO:

Curto de inteligência como és, poderias dizer coisas
      [apropriadas?

CREONTE:

Não a mentes retardadas como a tua.   810

ÉDIPO:

Vai-te. Falo por estes, deixa de atacar
os lugares em que me convém viver.

CREONTE:

Estes são minhas testemunhas, não tu. Percebem
como respondes aos que te amam. Se eu te pegar...

ÉDIPO:

Quem ousaria pôr a mão em mim, se estes me
      [protegem? 815

CREONTE:

Eu te garanto que nem assim me escaparás.

ÉDIPO:

O que tramas para ameaçar-me assim?

CREONTE:

Uma de tuas filhas os meus já levaram prisioneira
por ordem minha, a outra seguirá em breve.

ÉDIPO:

Infame!

CREONTE:

Em breve terás novos motivos para injuriar. 820

ÉDIPO:

Minha filha está em tuas mãos?

CREONTE:
Em pouco, esta estará também.

ÉDIPO:
Amigos, com vossa permissão? Fui traído?
Este renegado não será expulso desta terra?

CORIFEU:
Some, estrangeiro! Desaparece! Desrespeitas
a lei agora como já o fizeste antes.　　　　　　　　825

CREONTE:
Guardas, quero que a prendam já.
Levem-na à força se resistir.

ANTÍGONA:
Que será de mim? Quem me protegerá? Quem
dos deuses ou quem dos homens me socorrerá?

CORIFEU:
O que estás fazendo, estrangeiro?

CREONTE:
Nele não toco, mas levo esta, que é minha.　　　　830

ÉDIPO:
Senhores desta terra!

Corifeu:
Estrangeiro, desobedeces à lei.

Creonte:
Cumpro a lei.

Corifeu:
Cumpres?

Creonte:
Levo o que me pertence.

Édipo:
Atenas!

Corifeu:
O que é isso, estrangeiro. Solta-a já. Não me
    [obrigues a agir.   835

Creonte:
Afasta-te.

Corifeu:
Para trás! Não a ultrajes.

Creonte:
Atacas meu país se me molestas.

Édipo:
Eu vos adverti.

Corifeu:
Liberta esta jovem,
E já!

Creonte:
Não ordenes o que não podes executar.

Corifeu:
Eu te ordeno que a soltes.

Creonte:
E eu, que te retires. 840

Corifeu:
Socorro, ajuda, ajuda, compatriotas.
O país está sendo atacado, o nosso, invasores.

Antígona:
Eles me arrastam, indefesa, amigos, ó amigos!

Édipo:
Onde estás, minha filha?

ANTÍGONA:
Levam-me à força. 845

ÉDIPO:
Estende-me a mão, filha.

ANTÍGONA:
Não posso.

CREONTE:
Levai-a, depressa.

ÉDIPO:
Que será de mim, na miséria?

CREONTE:
Estas não poderás continuar a usar como cajados
em tuas andanças. Se queres submeter
tua pátria e teus amigos, por ordem de quem 850
estou agindo, ainda que seja rei,
submete. O tempo te ensinará, eu te garanto,
que ages assim contra teus interesses
como já o fizeste, rebelde à vontade dos que te querem
e sujeito à fúria que sempre te emporcalha. 855

CORIFEU:
Para onde estás, estrangeiro.

CREONTE:
Não toques em mim, eu te ordeno.

CORIFEU:
Não partirás sem as libertares.

CREONTE:
Verás que minhas exigências são ainda
maiores. Não me contento só que essas duas.

CORIFEU:
Que ameaças são essas?

CREONTE:
Prendo este também.

CORIFEU:
É um insulto.

CREONTE:
Minhas ordens serão executadas 860
já, se o governante desta terra não se opuser.

ÉDIPO:
Que linguagem insolente! Tira as mãos de mim.

Creonte:
Cala-te, eu te ordeno.

Édipo:
Que estas divindades
não me tirem a voz antes de amaldiçoar-te.   865
Arrancas de mim, pulha, de um cego, o pouco
de luz que minhas filhas me traziam e te vais?
Queira Hélio, que tudo vê, conferir a ti
e à tua descendência uma existência
igual à minha, quando envelheceres.   870

Creonte:
Percebeis isso, nativos desta terra?

Édipo:
Observam a mim e a ti, e compreendem
que à violência corporal revido com palavras.

Corifeu:
Já não contenho meus ímpetos. Eu te conduzirei à força,
ainda que só, ainda que enfraquecido pela idade.   875

Édipo:
Como isso me atormenta!

CORIFEU:
Pensas, estrangeiro, que poderás levar essa audácia
     [a bom termo?

CREONTE:
Com toda certeza.

CORIFEU:
Só se moro numa cidade que já não é o que foi.

CREONTE:
Amparado no direito, o fraco vence o forte.   880

ÉDIPO:
Compreendeis o que ele diz?

CORIFEU:
Mas não conseguirá.

CREONTE:
Zeus compreende; tu, não.

CORIFEU:
Isso não é insolência?

CREONTE:
Se é, aguenta.

Corifeu:

Convoco o povo, convoco os guerreiros desta
       [terra.   885
Para cá sem tardança, para cá, isso excede os limites!

Teseu:

Que gritaria é esta? Do que é que se trata? Apavora-os
o que, para me tirarem do altar em que sacrificava um
touro ao deus marinho, padroeiro de Colono? Falai, quero
saber por que as pernas foram mais rápidas do que
       [a vontade?   890

Édipo:

Majestade, ouvi tua voz, este homem
agora mesmo me tratou mal.

Teseu:

Como assim? Quem te agrediu? Fala.

Édipo:

Esse aí, Creonte, veio para me tirar
as duas filhas, meu único amparo.   895

Teseu:
É verdade?

Édipo:

Com certeza. Foi isso o que ele fez.

Teseu:

Rápido! Quero que um guarda vá já até ao
santuário. Interrompam o sacrifício,
corram todos, a cavalo ou a pé, sem tardar,
ao cruzamento das duas vias mestras, rota   900
de mercadores, não deixem os raptores das
jovens passar. Ridículo serei perante os outros
estados, se esta façanha tiver êxito. São estas as
minhas ordens. Já! Quanto a este, se eu desse
vazão à minha raiva, receberia o que merece.   905
Não escaparia ileso das minhas mãos.
Será tratado segundo os costumes que
ele quis introduzir nesta terra. Estes mesmos!
Não sairás desta terra enquanto não
trouxeres as jovens até este exato lugar.   910
O que fizeste não dignifica ninguém:
nem a mim, nem a ti, nem a teu país.
Penetras num estado que pratica a justiça,
onde as leis são cumpridas, apossas-te do que
te agrada, submetes a teus caprichos inocentes   915
e pensas escapar incólume? Julgas que
não há homens nesta cidade, que esta é
uma terra escrava, e que eu não valho nada?
Não foi Tebas que te ensinou vilanias, Tebas
não costuma sustentar gente que vive fora da lei. 920

Nem te aplaudiria se soubesse que tomas
o que é meu, o consagrado aos deuses, e que
arrastas violentamente suplicantes indefesas.
Se eu, por acaso, entrasse na tua terra, mesmo
que tivesse mil vezes razão, sem o consentimento   925
do governante, fosse quem fosse, não arrebataria,
não extorquiria, saberia o que convém a um
estrangeiro no país que o acolhe. Tu mesmo
desonras tua cidade, o que ela com certeza não
merece. A idade que sobre ti se acumula te enriquece   930
em anos e te empobrece em inteligência.
Repito o que disse há pouco, quero que
devolvas as meninas o mais rápido possível,
se não queres permanecer como hóspede desta terra
contra tua vontade. As palavras que saem dos   935
meus lábios traduzem o que tenho em mente.

Corifeu:

Percebes a que ponto chegaste, estrangeiro? Pela
origem parecias homem digno e te revelas vilão.

Creonte:

Eu não declarei esta cidade pouco viril,
filho de Egeu, nem agi sem conselho,   940
como declaras. Eu não poderia imaginar
que alguém se afeiçoasse tanto a familiares
meus a ponto de ampará-los contra minha vontade.
Sabia que Atenas não receberia um parricida,

um imundo, um que em relação incestuosa 945
com a mãe botou no mundo filhos impuros.
Sabia que a cidade em que se eleva o judicioso
Areópago* não acolheria vagabundos nem permitiria
que se alojassem na cidade. Assim orientado,
apoderei-me do que é meu. Eu não teria chegado 950
a tanto, se ele não tivesse rogado pragas tenebrosas
contra mim, se não tivesse amaldiçoado meus filhos.
Não fiz mais do que revidar agressões. A idade não
extingue temperamento impulsivo, só a morte.
A mortos sentimento algum espicaça. Ante tais 955
fatos, age como entendes. Sou apenas um.
Embora justo o que declaro, a vantagem
está contigo. A ações tuas, entretanto, mesmo
que velho, tentarei reagir.

ÉDIPO:

Cachorro sem vergonha, pensas que me sujas a mim, 960
um velho, sem te emporcalhares a ti mesmo, hem?
Acusações de assassinato, incesto, desatinos
passam por essa tua bocarra, maldições que
carrego sem querer. Os deuses tiveram prazer nisso,
movidos por ódio antigo contra a minha raça. 965
Porque em mim mesmo não encontrarás nada
digno de castigo, falta alguma que eu tivesse
cometido contra mim ou contra os meus.

---

* *Areópago*: o mais antigo conselho deliberativo da cidade, ao alto de uma colina. (N.E.)

Explica-me, se oráculos disseram a meu pai
que ele seria morto por um filho, 970
como posso ser acusado disso legitimamente
se eu não conhecia pai nem mãe,
pois nem sequer tinha sido gerado?
Se ataquei meu pai – não nego que o ataquei –,
levantei meu braço e o matei sem saber o que 975
fazia nem contra quem, como podes denunciar
um ato involuntário como se tivesse sido
intencional? Minha mãe, desgraçado... Não te
envergonhas de me obrigar a falar de meu casamento
com ela, com tua irmã? Está bem, falo. Nada 980
silenciarei. Foi tua boca imunda que revolveu este
    [assunto.
Quem me pariu foi ela. Pariu. Que desgraça! Eu não
sabia, ela não sabia. Ela me botou no mundo e, para
vergonha nossa, meus filhos saíram da barriga dela.
Uma coisa está clara, tens prazer, desbocado, 985
em largar-me isso na cara. Não dormi com minha
mãe por vontade minha. Não, repito.
Não sou criminoso. Ninguém poderá condenar-me.
Para de me lançar em rosto vida incestuosa,
parricídio. Guarda teus insultos venenosos. 990
Responde-me só esta pergunta: se alguém,
aqui e agora, te enfrenta para te matar,
sem motivo justo, vais perguntar se é teu
pai ou revidas no ato? Está claro, se amas
tua vida, golpeias o agressor e não ficas 995
a indagar se é justo ou não. Foi assim

que me desgracei, e os deuses me levaram
a isso. Nem a sombra de meu pai, se voltasse
viva, apresentaria queixas contra mim.
Tu, de justo não tens nada. Achas muito   1000
bonito tornar públicos assuntos privados.
Ultrajas-me na presença de estranhos.
Te pões a acariciar o nome de Teseu,
a bajular Atenas e suas instituições.
Ignoras, entretanto, coisas, muitas.   1005
Se há uma cidade que sabe respeitar
os deuses, é precisamente esta. Vens
para raptar-me, um suplicante, um velho,
botas as patas em meninas. Contra tais
brutalidades, invoco agora estas deusas,   1010
rogo, imploro que venham, que lutem
comigo para que chegues a conhecer o
valor dos homens que protegem esta cidade.

CORIFEU:

Senhor, o estrangeiro é homem de valor.
Infortúnios o aniquilaram. Merece proteção.   1015

TESEU:

A que nos leva esta discurseira? Os raptores
já estão longe, e nós aqui parados, inertes.

CREONTE:

Quais são tuas ordens a respeito deste miserável?

Teseu:

Mostra-me o caminho. Meu guia serás tu mesmo.
Se escondeste nossas donzelas em algum lugar, 1020
tu nos mostrarás o esconderijo. Se os raptores
se encontram no caminho da fuga, nada de
alarma. Gente minha estará ao encalço deles.
Não agradecerão aos deuses a fuga. Adiante,
vamos. Reconhece que por determinação da 1025
Sorte o predador virou presa. O que ganhas
com trapaça nunca te traz benefício.
Não confies em ajuda. Tudo indica
que não te aventurarias sozinho
a uma façanha audaciosa como esta. 1030
Deve haver gente em que esperas. Meu
dever é estar atento para evitar que um
aventureiro desfira um golpe contra esta cidade.
Entendes o que digo, ou minhas palavras te parecem
tão inócuas como quando planejaste esta empresa? 1035

Creonte:

Enquanto estou aqui, como poderia eu fazer reservas a
determinações tuas? Em meu território saberei como agir.

Teseu:

Não me venha com ameaças. Anda! Quanto a ti,
Édipo, aguarda aqui, tranquilo. Podes estar certo
de que, enquanto estiver vivo, não sossegarei 1040
até confiar tuas filhas aos teus cuidados.

Édipo:

Grato, Teseu, grato por tua nobreza e pela atenção
dada a uma providência justa que me favorece.

Coro:

Terceiro estásimo
Estrofe 1

Estivesse eu lá
onde os inimigos cercados   1045
com vozes e armas de bronze
caem nas mãos de Ares*
junto às píticas correntes
ou nas margens iluminadas**
onde Senhoras celestes
a efêmeros desvelam segredos.   1050
Sacerdotes de Eumolpo
cerraram-lhes os lábios
com chave de ouro.***
Lá, penso, o aguerrido
Teseu recuperará

---

* Da segunda geração de deuses olímpicos, filho de Zeus e Hera, irmão de Hebe e Ilítia. (N.E.)

** Margens de Eleusis, onde chegavam, à noite, as procissões provenientes de Atenas, carregando objetos sagrados. Dançava-se e cantava-se à luz de tochas e cultuava-se Deméter e Perséfone. (N.E.)

*** Descendentes de Eumolpos, pontífice e rei que fundara Eleusis, formavam um grupo religioso que cultuava Deméter e Perséfone e que ocultavam dos profanos os segredos das deusas. (N.E.)

as virgens puras 1055
ambas
com brado vibrante,
nessas distantes paragens.

Antístrofe 1
As ocidentais
rochas nevadas 1060
d'além dos campos de Ea
alcançaram quem sabe
na fuga com bélicos potros
ou rápidos carros.
Serão detidos. 1065
Imbatível avança o Ares pátrio
e o poder do rei.
Brilham centenas
de rápidas rédeas
no ímpeto feroz 1070
de patas de potros potentes,
de ginetes tementes a Palas
e ao amado filho de Rea*,
Posidon poderoso.

Estrofe 2
Lutam? Projetam? 1075
Promanam prenúncios

---

* *Rea*: deusa-titã que, casada com o próprio irmão, Crono, deu à luz os deuses olímpicos Hestia, Deméter, Hera, Hades, Posidon e Zeus. (N.E.)

de sorte benigna às jovens aflitas
por consanguínea sanha.
Zeus cessa, cessa dores agora.
Vidente sou de próspero prélio.   1080
Quem me dera ímpeto maior
que o da pomba veloz!
Altaneiro me elevaria além das nuvens borrascosas,
observador da longe luta.

Antístrofe 2
Salve Zeus, pantocrático entre os deuses,   1085
Pantovidente. Queiras conceder
a nossos governantes
força vitoriosa,
fim exitoso à captura.
Que Palas Atena, tua filha augusta nos proteja.   1090
A Apolo caçador
e à sua irmã*, valente na rota
das pintalgadas corsas,
suba dupla prece.
Amparem os moradores desta terra.   1095

CORIFEU:

Estrangeiro errante, a aparição te dirá
que não sou mau vidente. As donzelas vejo,
bem próximas, trazidas por escolta.

---

* Artêmis, deusa virgem, arqueira e caçadora, que reina sobre a agricultura. (N.E.)

Quarto episódio

Édipo:
Onde, onde? Que disseste? Ouvi bem?

Antígona:
Pai, paizinho,
quem dos deuses te concederia ver   1100
este homem nobre que nos devolveu a ti?

Édipo:
Querida filha, filhinha minha!

Antígona:
Fomos salvas
pelas mãos de Teseu e de seus companheiros.

Édipo:
Vinde, filhinhas, para junto do pai, que já
não esperava voltar a estreitar-vos nos braços.   1105

Antígona:
Aqui nos tens. É o que desejamos.

Édipo:
Mas onde, onde estais?

Antígona:
Aqui, bem juntinhas de ti.

Édipo:
Doçuras minhas.

Antígona:
Para o pai filhas sempre são doces.

Édipo:
Cajados na velhice.

Antígona:
Sofredoras, nascidas de um sofredor.

Édipo:
Resta-me o que mais quero. Não terei 1110
a mais desdita das mortes se estiverdes
comigo. Dei-vos a vida, quero sentir o
vosso calor. Descansai nos braços deste
pobre vagabundo abandonado. Contai-me
o que aconteceu. Jovens como sois, 1115
poucas palavras me bastam.

Antígona:
Quem nos salvou está aqui. Deves dirigir-te a ele
para saber o que aconteceu. Isso te basta?

Édipo:

Meu protetor, não te espante meu afeto a elas.
Não esperava reavê-las. Esbanjo palavras. 1120
Sei que não devo a outro
esta alegria, a ti somente.
Tu as salvaste. Quem mais o faria?
Os deuses te recompensem, este é meu desejo,
a ti e a esta terra. Piedade não encontrei 1125
em nenhum outro lugar,
nem justiça, nem lealdade.
Ciente disso, poderei pagá-lo só com palavras?
De ti tenho o que tenho, só de ti.
Dá-me, Senhor, tua direita, quero tocá-la, 1130
quero beijar-te a testa, se o permitires.
Que atrevimento! Como poderia eu ousar tocar
o filho de Egeu, em quem não se acha
mancha de mal algum? Não, eu não o faria,
mesmo que o consentisses. A homens como eu 1135
só é consentido tocar em quem viveu o que eu vivi.
Agradeço-te à distância. Tens meu reconhecimento:
és justo protetor, incansável.

Teseu:

A conversa carinhosa com tuas filhas que te
ocupou por tanto tempo não me surpreende, 1140
nem o fato que tenhas dado preferência a elas.
Isso em nada me melindra.
Não procuro ilustrar a minha vida

com palavras mas com obras.
Tens a prova: não te fiz promessas 1145
falsas, ancião. Entrego-te tuas filhas intatas,
sem terem sido molestadas pelos agressores.
Quanto a estratégias usadas, não quero
trombetear glórias. Elas te contarão o que viram.
Uma informação que me veio, por acaso, 1150
no caminho, essa eu te transmito.
Ainda que seja breve, parece-me estranha.
Não nos convém desconsiderar nada.

Édipo:

Do que é que se trata, filho de Egeu? Gostaria de
saber. Nem posso imaginar o que poderia ser. 1155

Teseu:

Consta que alguém – que não vive em tua cidade –,
embora se diga teu parente, inclinou-se ante o
altar de Posidon, o mesmo em que eu sacrificava,
quando me afastei para socorrer-te.

Édipo:

Donde vem ele? Roga o quê? É suplicante? 1160

Teseu:

Só sei que ele quer uma palavrinha contigo.
Não mais que um instante. É o que consta.

ÉDIPO:
Que será? Palavrinha de suplicante não existe.

TESEU:
Pede, ao que dizem, uma palavra contigo,
e segurança para se retirar. 1165

ÉDIPO:
Um suplicante! Quem poderia ser?

TESEU:
Recordas algum parente em Argos
que poderia desejar falar contigo?

ÉDIPO:
Excelentíssimo, um momento.

TESEU:
O que é que há?

ÉDIPO:
Não me perguntes.

TESEU:
Não perguntar o quê? Fala. 1170

ÉDIPO:

Sei quem é o suplicante por boca de minhas filhas.

TESEU:

Quem é ele? Eu deveria censurá-lo?

ÉDIPO:

É meu filho. Eu o odeio. Entre todas as pessoas
que conheço, a fala de ninguém me repugnaria mais.

TESEU:

Por quê? Não podes ouvi-lo? Escutar não te obriga   1175
a nada. Por que isso te seria penoso?

ÉDIPO:

Para um pai, Senhor, a voz de um filho como esse
é abjeta. Não me obrigues a ceder.

TESEU:

Trata-se de um suplicante. Isso não te obriga a ouvi-lo?
Pensa bem. Não vás ultrajar o deus que o protege.   1180

ANTÍGONA:

Ouve-me, pai, ainda que eu seja inexperiente.
Deixa este homem fazer o que tem em mente:
concluir as homenagens ao deus de sua escolha,
e permite que nós, tuas filhas, busquemos nosso

irmão. Não tenhas medo. Ele não poderá 1185
violentar decisão tua com palavras que não
te agradam. Que prejuízo haverá em ouvi-lo?
Planos perversos revelam-se em palavras.
Tu o geraste. Ainda que ele te fira com
a maior das irreverências, paizinho, 1190
não é justo que retribuas mal com mal. Cede.
Também outros pais tiveram filhos ingratos
e arderam em rancor, mas apaziguados
com súplicas de amigos contiveram impulsos.
Considera, não o que sucede agora, mas os 1195
males que padeceste, oriundos do teu pai e de
tua mãe. Se observares bem, saberás, estou
certa, que o resultado de sentimentos maus é a
proliferação do mal. Não tens bastante prova
disso nos olhos anoitecidos em órbitas vazias? 1200
Não te obstines. Não convém resistir a quem
ajuizadamente suplica, e é louvável que
o beneficiado saiba retribuir adequadamente.

Édipo:

Tuas palavras batem em dura resistência, filha.
Seja, entretanto, como desejas. 1205
Apenas rogo, meu benfeitor, que, se esse vier,
não ouse capturar-me.

Teseu:

Depois do que fiz por ti, ancião, espanta-me que

insistas nessa súplica. Salvo estarás
enquanto os deuses me conservarem vivo. 1210

CORO:

Quarto estásimo
Estrofe

Quem, ao transgredir o comedido,
aspira ao excedente na vida
cultiva inquestionavelmente
a insensatez aos meus olhos.
Ricos em anos, 1215
prosperamos em dores.
Foge o prazer de quem
rompe as fronteiras
do devido.
Igualando todos, 1220
emerge do reino sombrio*,
o fim,
sem bodas, sem lira, sem danças,
a morte, derradeiro limite.

Antístrofe

Não ser sobrepuja toda 1225
razão de viver.
Aos que vêm à luz
mais vale retornar velozes

---

* Trata-se de Hades, o reino dos mortos. (N.E.)

ao lugar de origem.
Quando passa a juventude 1230
com o séquito de loucuras fúteis,
quem escapa do flagelo de dores,
da penca de penas?
Mortes, rebeliões, ira, guerras,
Inveja... Sobrevém
o mais execrável, 1235
íngreme píncaro inefável,
a desamada velhice,
congresso de males com males.

Epodo *
Nela infeliz estou eu, mas não só,
como em torrente do norte, 1240
turbilhão de borrascas e ondas,
de vagalhões contra rochas,
batalha de águas com águas,
dardos de dores,
pugna de penas,
no poente nascidas, 1245
no molesto levante,
no ardor do sol,
no bojo da noite.

---

* *Epodo*: última das três partes de uma ode pindárica. Também uma sentença moral, uma máxima, uma espécie de conclusão. (N.E.)

Quinto episódio

Antígona:

Aproxima-se de nós um estranho, paizinho.
Vem só. Lágrimas abundantes umedecem-lhe   1250
o rosto.

Édipo:
Quem será?

Antígona:

Falamos dele há pouco.
Polinice está aqui conosco.

Polinice:

Misericórdia! Que desolação! Não sei por
quem chorar primeiro, minhas irmãs, por meus   1255
próprios males, ou pelos do meu velho pai.
Encontro-o abandonado, no exílio, só com
vocês duas, coberto de farrapos. Velhice
odiosa cobre velhice, e sujeira rói a pele.
A brisa agita o cabelo desgrenhado   1260
no rosto de órbitas vazias. Da qualidade
das vestes deve ser a ração que lhe desce
ao estômago carente. Vendo-te sinto-me
infame, entendo agora que fui o pior
dos homens por permitir que tenhas   1265

chegado a este ponto. Queixas contra mim
ouves de mim mesmo. Se a Clemência está
sentada ao lado do trono de Zeus, não a
afastes de ti, meu pai. Tentarei remediar
meus erros. Não pretendo aumentar minha culpa. 1270
Por que te calas?
Fala comigo, pai. Não me voltes as costas.
Não me respondes palavra? Com desdém
me despedes mudo, sem dizer por que me odeias?
Minhas caras irmãs, temos o mesmo sangue, 1275
tentem comover nosso pai.
Por que essa boca férrea, inclemente?
Por que me desonra? Tenho proteção divina.
Repele-me sem a graça de uma só palavra?

Antígona:

Expõe-lhe, infeliz, tu mesmo as dificuldades 1280
que te trazem. Palavras despertam afeto,
provocam desprezo, comovem. Tenta
abrir com palavras a fonte das palavras.

Polinice:

Está bem, falarei. Tomo por correto teu conselho.
Antes de tudo, invoco a proteção do mesmo deus 1285
ao qual me inclinava, quando o Senhor desta
terra me fez vir até aqui, dando-me o privilégio de
dizer, de ouvir e de retornar seguro. Espero que os
mesmos direitos me sejam assegurados por vós,

amigos, por minhas irmãs, por meu pai. 1290
Vou expor-te o que me trouxe aqui, meu pai.
Fui expulso do meu solo pátrio por pretender
ocupar teu assento soberano, direito que
me cabia por ser o filho mais velho.
Violando o direito, Etéocles, o mais jovem, 1295
me baniu da minha terra, não com argumentos,
não pela persuasão, nem pela força do braço.
Ele seduziu a cidade. A causa disso, penso,
foi tua maldição, o que, aliás, me foi
confirmado pelos oráculos. Parti 1300
para a Argos dos dórios, tornei-me
genro de Adrasto. Os melhores de Apis*,
destros na lança, são partidários
da minha causa, de sorte que reuni
um exército contra Tebas, distribuído em 1305
sete divisões**. Se não morrer em combate,
expulso os usurpadores da minha terra.
Muito bem, por que vim até aqui? Para
te pedir auxílio, pai. Além do meu pedido
pessoal, trago rogos dos meus aliados. 1310
Sete tropas sob o comando de sete generais
acabam de tomar toda a planície de Tebas.
Lidera o destro Anfiareu, primeiro no
manejo da lança, primeiro na rota das aves.

---

* *Apis*: um dos nomes do Peloponeso. (N.E.)

** A história da guerra sucessória pelo reino de Tebas é contada em *Sete contra Tebas*, de Ésquilo. (N.E.)

Tideu, filho do etólio Eneu, vem depois. 1315
Eteoclo, natural de Argos, é o terceiro.
O quarto, Hipomedon, foi enviado por Talau,
seu pai. Capaneu, o quinto, se ufana de
reduzir Tebas a escombros e cinzas.
O sexto destaque é Partenopeu, da Arcádia, 1320
nascido de invencível mãe, célebre outrora,
Atalante, que não lhe sai da lembrança.
E eu, teu filho, se não sou teu, sou filho da má
Sorte, embora me chamem teu filho,
ataco Tebas com o bravo exército de Argos. 1325
Em nome destas tuas filhas, em nome da vida,
nós te rogamos, pai, todos, suplicamos,
suspende a ira contra mim quando avanço
para punir o irmão que me exilou, que me
baniu da minha terra. Se os oráculos 1330
merecem confiança, estes declaram
que a vitória estará com quem tu amparas.
Em nome das fontes, em nome dos deuses
tutelares, atende-nos, rogo, ouve.
Pobre e banido sou eu, banido és tu. 1335
Constrangidos a adular* outros, vivemos
tu e eu, oprimidos pela mesma divindade.
Enquanto isso, o tirano, lá no palácio –
miserável! –, pavoneia-se, ri da nossa
cara. Esse, se tu apoiares meu projeto, 1340

---

* Na condição de banidos e exilados, Édipo e Polinice tinham
de mendigar e adular os outros, para conseguir amparo. (N.E.)

eu o liquido em lance certeiro e rápido.
Eu te devolverei ao teu palácio e lá me
instalarei contigo. Esse sairá de lá à força.
Se tu me ajudares nessa empresa, a vitória
será minha. Sem ti estou perdido. 1345

Corifeu:

Em atenção a Teseu que te enviou este homem,
não o despeças, Édipo, sem lhe dizer palavra.

Édipo:

Senhores, se Teseu, o governante desta terra,
não o tivesse enviado a mim, se ele não tivesse
determinado que eu o atendesse, jamais eu teria 1350
dado a este homem a satisfação de ouvir minha
voz. Entretanto, constrangido a falar, não ouvirá
palavra alguma que lhe possa alegrar os dias.
Tu, peste, quando tinhas o trono e o cetro de
Tebas, que está agora nas mãos do teu irmão, 1355
tu baniste o teu próprio pai, reduziste-me à
condição de sem-cidade, e me cobriste com estes
trapos, que te arrancam lágrimas, agora
que caíste no abismo em que me lançaste.
Lamentar o quê? O que me resta senão carregar 1360
a desgraça até ao fim, tendo na memória a imagem
de um assassino como tu? Tu me fizeste morar
na miséria, tu me baniste. Escorraçado por ti,
mendigo de outros o pão de cada dia. Se eu não

tivesse gerado estas queridas filhas para me   1365
ampararem, se eu tivesse só a ti, já estaria morto.
Elas são meu amparo. Elas cuidam de mim. Meus
homens são elas. Mulheres padecem comigo.
Vocês dois são filhos de outro, de mim não.
Um olho imortal te vigia. Se não detiveres teus   1370
homens, marcharão para a ruína às portas
de Tebas. Não tomarás jamais aquela cidade.
Antes de entrares, teu sangue manchará a terra,
misturado com o sangue do teu irmão. As Arás,
maldições que já lancei contra vós, chamo-as   1375
agora como companheiras de guerra para que
ensinem aos filhos a respeitarem os pais. A
morte é o preço da humilhação de um pai cego.
Minhas filhas... Que diferença! Tu, suplicante ou
entronado, eu te domino, se é que a antiga   1380
Justiça impera com Zeus na força
das normas antigas. Vai, escarro,
filho espúrio, peste das pestes, este
é o legado de maldições que chamo
sobre ti, a lança não te dará a posse
da terra dos teus ancestrais   1385
nem te acolherá o seio de Argos.
Morrerás por mão consanguínea
e darás morte a quem te baniu.
Eu te renego. Que subam do Tártaro*

---

* *Tártaro*: a parte mais profunda do reino dos mortos (Hades), onde eram castigados os piores criminosos. (N.E.)

sombras ancestrais e te carreguem. 1390
Invoco as deusas da morte, invoco Ares,
que do vosso peito fez sementeira de ódio.
Estas são minhas palavras. Leva esta
mensagem aos filhos de Cadmo, à tua gente
e a teus fiéis aliados. Este é o presente 1395
de Édipo a seus filhos. Leva-o.

CORIFEU:

Polinice, não posso congratular-te pelo êxito de
embaixadas anteriores nem por esta. Retira-te já.

POLINICE:

Triste fim das minhas andanças desastradas,
triste fim dos meus amigos. Termina assim 1400
minha marcha esperançosa para Argos?
Que farei? Não posso dizer a verdade aos meus
companheiros, nem poderei detê-los. Deverei
buscar em silêncio meu amargo destino.
Minhas queridas irmãs, testemunhastes 1405
as duras imprecações de nosso pai.
Pelo amor dos deuses, se estas maldições se
cumprirem e se vos for dado retornar ao
palácio, não permitais que me desonrem,
não me negueis homenagens funerárias*. 1410

---

* Referência aos acontecimentos da tragédia *Antígona*, em que a personagem de mesmo nome é condenada por insistir em enterrar dignamente o corpo do irmão Polinice. (N.E.)

Honra vos cabe pelo penoso devotamento
a este homem. Não menor será a glória
do serviço que prestardes a mim.

ANTÍGONA:
Polinice, ouve o que tenho a te dizer.

POLINICE:
O que é, querida Antígona? Fala. 1415

ANTÍGONA:
Retorna com teu exército a Argos o quanto antes.
Não te destruas a ti mesmo nem tua cidade.

POLINICE:
Não é possível. Como poderia conduzir outro
exército, propalado que em certo momento tremi?

ANTÍGONA:
Pensa, filho. Que lucras com o ódio? Que
    [recompensa 1420
te pode trazer a destruição de tua pátria?

POLINICE:
Fugir é vergonhoso. Eu, o mais velho, não posso
dar motivos de risos a meu irmão.

ANTÍGONA:

Não vês que com isso corroboras com as previsões?
Acabas de ouvir que tombareis, um pela mão do
      [outro. 1425

POLINICE:

Que profetize! Cabe-nos ceder ou resistir.

ANTÍGONA:

Que desastre! Quem ousaria seguir um homem
como tu, conhecendo a maldição que carregas?

POLINICE:

Não deixarei transparecer fraqueza. Um general
de valor proclama coragem e não covardia. 1430

ANTÍGONA:

Então, filho*, é essa a tua decisão?

POLINICE:

Não procures me demover. Importa que eu siga este
caminho para a desdita, para o abismo. Assim o
determinaram meu pai e as Erínias de sua devoção.
Zeus vos tenha em suas mãos se vos restar uma 1435

---

* Antígona, ao longo da peça, toma um caráter maternal, por isso o vocativo "filho", quando se refere, na verdade, ao seu irmão. (N.E.)

lágrima para umedecer minha sepultura. Vivo não
me tereis mais. Recebam minhas despedidas.
O brilho de vossos olhos nunca mais o verei.

ANTÍGONA:
Só me resta chorar.

POLINICE:
Não chores por mim.

ANTÍGONA:
Quem me estanca as lágrimas,
se te vejo partir para a morte certa, mano?   1440

POLINICE:
Nada posso contra a morte.

ANTÍGONA:
Vês meu tormento?
Não permitas que ela te roube de mim.

POLINICE:
O destino, bom ou mau,
está em mãos divinas. Não permitam os deuses
que a desdita vos persiga. Todos o veem: 1445
privações em vossa senda seria cruel.

Coro:

Quinto estásimo
Estrofe 1
Males geram males.
Males parem as estrangeiras órbitas vazias.
Aparte-se a ruína de mim!　　　　　　　　　　1450
Inflexíveis, ensina-me o vivido,
são os desígnios divinos.
O tempo vê tudo, a sorte é vária:
o que hoje o tempo eleva
abate amanhã.　　　　　　　　　　　　　　1455
Atroam trovões, ó Zeus!

Édipo:

Minhas filhas, filhinhas, um nativo poderia
trazer-me Teseu, o melhor dos homens?

Antígona:

Paizinho, em que pensas para o querer aqui?

Édipo:

Cedo me levará este trovoar alado de Zeus ao　　1460
reino dos mortos. Fazei com que venha logo.

Coro:

Antístrofe 1
Ouçam! Apavorantes
ribombam trovões,

volantes do trono celeste.
À testa subiu-me paralisante temor. 1465
Congelo de medo.
Outro raio divino açoita o céu.
Que nova proclama?
Tremo. Baldado,
sem sanha, não ataca jamais. 1470
Vastos céus! Ó Zeus!

Édipo:

Filhas, sinto aproximar-se a morte
anunciada. Nada a fará recuar.

Antígona:

Então o sabes, pai? Ela te acena?

Édipo:

Bem o sei. Depressa! Urge a 1475
vinda do Senhor desta terra.

Coro:
Estrofe 2
Ouçam! Trevosos estrépitos
renascem lá longe.
Propícias, rogo, propícias
sejam as trevas que 1480
cobrem o solo materno.
Não seja eu julgado injusto!

Se meus olhos viram um homem maldito,
não me atinja paga funesta.
Zeus soberano, clamo a ti. 1485

ÉDIPO:

Quando chega o rei? Ainda estarei vivo?
Encontrar-me-á de mente sadia?

ANTÍGONA:

Que pretendes confiar-lhe? Que guardas na mente?

ÉDIPO:

Por benefícios recebidos, quero cumprir a promessa
que lhe fiz ao chegar. 1490

CORO:

Antístrofe 2
Anda, filho, anda, anda.
Se em longe gruta
sacrificas um touro
a Posidon, rei das águas salgadas,
vem. 1495
O estrangeiro oferta
agradecido à cidade, aos amigos
recompensa generosa.
Depressa, Senhor! Vamos!

Sexto episódio

Teseu:

Que alvoroço é este que volta a eclodir aqui?   1500
Dentre vozes atenienses* distingo a do estrangeiro.
Assustou-vos um raio dos céus ou uma tempestade
de granizo? Deve-se pensar em tudo
quando Zeus rouqueja na intempérie.

Édipo:

Senhor, foste atraído pelo meu desejo. Um deus   1505
conduziu teus passos ao tomares este caminho.

Teseu:

Qual é a novidade, filho de Laio?

Édipo:

Inclina-se a balança da minha vida. Antes de morrer,
quero garantir as promessas que fiz a ti e a esta cidade.

Teseu:

Que sinais te fazem crer na proximidade da morte?   1510

---

* Estamos em Colono, mas o território é ateniense, por isso "vozes atenienses". (N.E.)

ÉDIPO:

Mensageiros são as vozes dos próprios deuses.
Não me enganaram quanto a sinais predeterminados.

TESEU:

Posso saber como se manifestam, ancião?

ÉDIPO:

O tenebroso atroar dos trovões e
flechas de fogo lançadas por mão invencível.   1515

TESEU:

Persuades-me. Tuas predições nunca falharam.
Gostaria de saber o que me cumpre fazer agora.

ÉDIPO:

Eu te direi, filho de Egeu, o que, preservado intato
para esta cidade, os anos não consumirão.
Eu mesmo te conduzirei sem ajuda   1520
ao lugar em que deverei morrer.
Não o reveles nunca jamais a ninguém,
Oculta lugar e acesso.
Dele obterás mais força do que de escudos,
de lanças estrangeiras, de aliados. Saberás   1525
de mistérios que nunca deverão tornar-se
palavra. Tu os conhecerás quando estivermos a sós.
Não me é dado revelá-los a estes cidadãos nem às
minhas filhas por muito que as ame. Guarda-os

para ti. Quando te aproximares do termo de   1530
teus dias, tu os transmitirás ao teu sucessor,
e este procederá do mesmo modo. Assim manterás
protegida contra a semente do dragão a cidade
em que moras. Em muitas cidades, ainda que
bem governadas, germina a violência. Os deuses, 1535
ainda que tardiamente, percebem quem,
apartando-se do sagrado, incorre em atos loucos.
Não permitas, filho de Egeu, que a loucura te
afete. Instruo um homem de larga experiência.
Procuremos já o lugar. Vontade divina me   1540
constrange. Que nada nos detenha! Quereis
seguir-me, filhinhas? Guia agora sou eu.
Muitas vezes já me prestastes este serviço.
Vamos sem mais tardança. Permitam que eu
mesmo encontre o caminho da sacra tumba   1545
que o destino reservou para mim nesta terra.
Por aqui, agora por aqui. Hermes, o guia das
sombras, e a deusa do mundo inferior* me
orientam. Luz que te apagaste, iluminavas-me
outrora, banhas meu corpo pela vez derradeira. 1550
Trilho a última etapa antes de sumir no Invisível.
E tu, o mais querido dos estrangeiros, tu, esta
terra e este povo, que a ventura vos acompanhe!
Ainda que ausente, lembrai-vos de mim.
Florescei em infinita prosperidade.   1555

---

* Trata-se de Perséfone, a quem novamente o autor se refere na próxima estrofe como "deusa do Invisível". (N.E.)

CORO:

Sexto estásimo

Estrofe

Permite que te invoque,
deusa do Invisível,
e que minhas preces te venerem,
Senhor das sombras,
Edoneu, ó Edoneu*.   1560
Suplico que sem tormentos,
que sem amargura o estrangeiro
atinja a misteriosa planície
dos mortos, a casa do Esquecimento.
Punido por tamanhas e caprichosas dores,   1565
prospere agora com divino favor.

Antístrofe

Vós, deusas subterrâneas,
tu, corpulento e implacável
cão,** que, estendido
à porta dos muitos passos,   1570
ladras dos indômitos antros,
guardas vigilante

---

* *Edoneu*: outro nome de Hades, senhor do reino dos mortos. (N.E.)

** Cérbero, cão de mordida venenosa, guardava a porta do Hades. Tinha três cabeças e rabo de serpente. Cabia-lhe a tarefa de impedir a saída dos mortos e a entrada dos vivos. (N.E.)

o acesso ao Invisível,
tu, filha da Terra e de Tártaro,
suplico, que deixeis livre o caminho,   1575
ao que parte
para as profundezas,
o estrangeiro que busca
o vale da Morte,
invoco-te, tu, que não dormes*.

---

* Referência a Tânatos, personificação da morte. (N.E.)

Êxodo[*]

Mensageiro:

Senhores cidadãos, para ser breve, cumpre-me   1580
comunicar que Édipo está morto.
Mas os fatos o relato não poderá recapitular
resumidamente nem os atos lá ocorridos.

Corifeu:

Quer dizer que o atormentado não vive mais?

Mensageiro:

Informo   1585
que ele deixou a vida para sempre.

Corifeu:

Como? O sofredor teve passagem piedosa, tranquila?

Mensageiro:

O que causa espanto é isso.
A saída dele daqui, tu mesmo a presenciaste.
Moveu-se sem que mão solícita o guiasse.   1590

---

[*] *Êxodo*: parte que segue o último estásimo. No êxodo podem aparecer o *mensageiro* e o *deus ex machina*, uma divindade introduzida por aparelhos para resolver conflitos insolúveis. Em *Os persas*, o mensageiro descreve a batalha de Salamina. O Deus ex machina tornou-se frequente no teatro de Eurípides. (N.E.)

Pelo contrário, quem nos mostrou o caminho foi ele.
Quando alcançou a rota do precipício
onde bases de bronze se arraigam no solo,
parou diante de um dos caminhos* que ali se dividem,
junto a um vaso bojudo que guarda 1595
o pacto de amizade firmado por Teseu e Perito.**
Tomou posição num lugar equidistante dessa rocha
perícia, duma pereira oca e de uma sepultura de pedra.
Assentando-se, despiu as vestes enxovalhadas.
Em seguida, chamando as filhas, ordenou-lhes 1600
que trouxessem água de fonte para banho e libações.
Ambas percorreram os campos relvados de Deméter***
para cumprir as determinações do pai. Retornaram em
breve, purificaram e vestiram-no obedientes ao rito.
Satisfeitos seus últimos desejos, obedecidas 1605
as prescrições, ouviram-se os golpes do Zeus
subterrâneo. Tremeram as jovens, dobraram-se
aos joelhos do pai em pranto, batiam
no peito com longos gemidos. Ele, ao
ouvir o repentino, sinistro sinal, 1610
estreitou-as nos braços e disse:
"A partir de agora não tendes pai. Extinto
está tudo que fui. O penoso trabalho

---

* Sófocles descreve a entrada para o mundo dos mortos, segundo o imaginário ateniense de então. (N.E.)

** Teseu e Perito fizeram um pacto de amizade antes de descerem ao mundo dos mortos, em busca de Perséfone, que havia sido raptada por Hades. (N.E.)

*** Havia, perto da Acrópole, um templo a Deméter. (N.E.)

de sustentar-me cessou, duro, filhinhas,
eu sei. Uma palavra, uma, 1615
só deixo como paga de tantas aflições:
jamais alguém vos deu o afeto que
tivestes deste homem que agora vos
é arrebatado por toda a vida".
Assim soluçavam os três 1620
em dor. Aos poucos os gemidos
silenciaram. Aquietam-se os gritos.
O silêncio impera. Uma voz murmura-lhe
o nome. Todos se levantam sacudidos
pelo medo. Os pelos se eriçam. Voz divina 1625
o chama insistentemente: "Édipo, tu, tu
mesmo. Quando é que partiremos?
Por que toda essa demora?" Quando Édipo
percebeu que um deus o chamava, rogou
que se aproximasse Teseu, o rei de Atenas. 1630
Tendo-o junto de si, disse-lhe: "Caro amigo,
rogo-te que estendas a mão em nome
de nossa antiga amizade. Tomai-a, filhas.
Promete-me nunca abandoná-las e
ampará-las em todas as necessidades". 1635
O rei, nobilíssimo, não titubeou
e jurou fazer o que o amigo lhe pedia.
Feito isso, Édipo, tocando as filhas
com suas mãos cegas, continuou: "Filhinhas,
a necessidade demanda ânimo forte e que 1640
vos retireis sem averiguar o interdito, sem

procurar saber o que eu agora disser. Não
vos demoreis. Quero ficar a sós com Teseu
para transmitir-lhe o que há de suceder".
Todos obedecemos às determinações 1645
dele. Partimos com as jovens que se
desfaziam em pranto. A certa distância,
ao volvermos o rosto, vislumbramos
Teseu, mas o lugar de Édipo estava vazio.
O rei, segurando a cabeça com as mãos, 1650
cobria os olhos, como que atônito ante uma
aparição espantosa, insuportável. De imediato,
decorrido breve espaço de tempo, vemo-lo
ajoelhado adorar a Terra e o os deuses do
Olimpo na mesma prece. Como Édipo 1655
morreu, mortal nenhum saberá dizer, ao
certo, salvo Teseu, senhor nosso. Ele não foi
extinto por fogo divino enviado do céu, nem
por tempestade instantânea vinda do mar, foi
levado, talvez, por algum mensageiro dos céus, 1660
ou a terra benigna se fendeu para dar-lhe suave
repouso dos males. Esse homem partiu sem
gemido algum, sem tormento de enfermidades.
Seu fim esplende maravilhoso entre os que
perecem. Alguém poderá supor que deliro. 1665
Seja! Não procurarei convencê-lo do contrário.

CORIFEU:

Onde estão as filhas e os que as acompanhavam?

MENSAGEIRO:

Não estão longe. Ouço lamentos.
As vozes me dizem que estão próximas.

ANTÍGONA:

Ai... ai! Que nos resta além da dor? 1670
Aqui ou ali, anima-nos sangue
maldito, o de nosso pai.
Por legado, lágrimas levamos.
Nada se iguala à dor que temos.
No infortúnio, atraímos o inominável, 1675
visto e padecido.

CORIFEU:

O que se passa?

ANTÍGONA:

Deixo-o à vossa imaginação, amigos.

CORIFEU:

Partiu?

ANTÍGONA:

Partiu como desejarias partir.
Duvidas? Partiu sem ferimento de guerra, 1680
longe da fúria do mar.
Abriram-se os lábios da Terra,

desceu ao ventre escuro.
Mas sobre nossos olhos sofridos
desce a sombra letal. 1685
Errantes na vasta terra,
jogadas às ondas do mar,
quem nos dará o pão da amargura?

ISMENE:

Não sei. Que o Hades cruel me leve para junto do velho pai.
Ferida, esta vida já não me é vivível. 1690

CORIFEU:

Irmãs de nobres sentimentos,
digno é carregar
o que o céu nos destina.
Por que arder em tamanha dor?
Não é desprezível a senda que trilhais. 1695

ANTÍGONA:

Tenho saudade das contrariedades de então.
O indesejável de ontem
me é desejável agora,
quando sentia a mão de meu pai na minha mão.
Paizinho querido, 1700
coberto agora com o manto da sombra,
nunca te faltará meu afeto,
nem lá.

Corifeu:
Alcançou...

Antígona:
Alcançou o que quis.

Corifeu:
Quis o quê? 1705

Antígona:
Morrer em solo estrangeiro
de sua eleição. Repousa na terra
coberto de sombra suave sempre.
Orvalho de lágrimas nunca lhe faltará.
Paizinho, jamais secará a úmida fonte 1710
de meus olhos. Não saberei
cobrir o abismo dos meus tormentos.
Quiseste morrer em terra estrangeira.
Sinto-te só, longe,
longe de mim. 1715

Ismene:
Irmanadas na dor,
que sorte nos resta,
a mim e a ti,
abandonadas, sem pai?

Corifeu:
Suaves desprenderam-se os laços 1720
no desenlace. Queridas, abrandai o pranto.
Muralha alguma resiste ao mal.

Antígona:
Retornemos, querida, depressa.

Ismene:
Para fazer o quê?

Antígona:
Não resisto ao desejo...

Ismene:
Que desejo? 1725

Antígona:
De ver a tumba na terra...

Ismene:
De quem?

Antígona:
Do pai, ora essa!

Ismene:
Está proibido!
Não te dás conta?

Antígona:
Estás com medo?

Ismene:
Não entendo...

Antígona:
Não entendes o quê? 1730

Ismene:
Jaz insepulto, longe de todos.

Antígona:
Leva-me lá e acaba comigo.

Ismene:
Ai... Ai... A desgraça não cessa?
Como poderei viver sem ninguém, 1735
sem saber para onde ir?

Corifeu:
Por que tremeis, queridas?

Antígona:
Para onde iremos?

Corifeu:
A procura acabou?

Antígona:
Como assim?

Corifeu:
Que mal vos pode acontecer? 1740

Antígona:
Temo...

Corifeu:
Temes o quê?

Antígona:
Que voltar para casa
nos seja impossível.

Corifeu:
Por que essa preocupação?

Antígona:
Somos prisioneiras da dor.

Corifeu:
Coisas passadas!

Antígona:
Ontem, inviável; hoje, pior.   1745

Corifeu:
Fostes arrojadas a um mar de sofrimentos.

Antígona:
Agora me entendes.

Corifeu:
Procuro entender.

Antígona:
Ai...ai... Zeus, para onde iremos?
Alguém dos divinos nos aponta
alguma esperança?   1750

Teseu:
Cesse o pranto, filhas. Tem sentido chorar por aquele que repousa coroado com o reconhecimento de todos? Assim chamais a ira divina.

Antígona:
Filho de Egeu, prostramo-nos a teus pés.

TESEU:
Em que posso ser útil, filhas? 1755

ANTÍGONA:
O túmulo de nosso pai,
gostaríamos de vê-lo.

TESEU:
Não é permitido.

ANTÍGONA:
Que palavras são estas, Senhor, rei dos atenienses?

TESEU:
Filhas, vosso pai determinou 1760
que ninguém ousasse aproximar-se daquele sítio
e que a mortal nenhum fosse revelado
o sagrado lugar em que dorme.
Se eu cumprir esta ordem, garantiu-me,
esta terra prosperará livre de males. 1765
Um deus guardou estas palavras,
o Juramento de Zeus, a quem nada escapa.

ANTÍGONA:
Saber que teve isso em mente
me tranquiliza. Permite que retornemos
à nossa sonhada Tebas. Espero que 1770

possamos impedir que
nossos irmãos se matem.

TESEU:

Podeis contar comigo. Farei tudo
que for benéfico a vós e ao que a terra
abriga para nosso bem. 1775
Nunca deixarei de cumprir meu dever.

CORIFEU:

Cessem as lágrimas. Não retorne
o pranto.
Está tudo acertado.

Coleção **L&PM** POCKET (Lançamentos mais recentes)

1228. **Sobre a leitura** *seguido do* **Depoimento de Céleste Albaret** – Proust
1229. **O homem do terno marrom** – Agatha Christie
1230(32). **Jimi Hendrix** – Franck Médioni
1231. **Amor e amizade e outras histórias** – Jane Austen
1232. **Lady Susan, Os Watson e Sanditon** – Jane Austen
1233. **Uma breve história da ciência** – William Bynum
1234. **Macunaíma: o herói sem nenhum caráter** – Mário de Andrade
1235. **A máquina do tempo** – H.G. Wells
1236. **O homem invisível** – H.G. Wells
1237. **Os 36 estratagemas: manual secreto da arte da guerra** – Anônimo
1238. **A mina de ouro e outras histórias** – Agatha Christie
1239. **Pic** – Jack Kerouac
1240. **O habitante da escuridão e outros contos** – H.P. Lovecraft
1241. **O chamado de Cthulhu e outros contos** – H.P. Lovecraft
1242. **O melhor de Meu reino por um cavalo!** – Edição de Ivan Pinheiro Machado
1243. **A guerra dos mundos** – H.G. Wells
1244. **O caso da criada perfeita e outras histórias** – Agatha Christie
1245. **Morte por afogamento e outras histórias** – Agatha Christie
1246. **Assassinato no Comitê Central** – Manuel Vázquez Montalbán
1247. **O papai é pop** – Marcos Piangers
1248. **O papai é pop 2** – Marcos Piangers
1249. **A mamãe é rock** – Ana Cardoso
1250. **Paris boêmia** – Dan Franck
1251. **Paris libertária** – Dan Franck
1252. **Paris ocupada** – Dan Franck
1253. **Uma anedota infame** – Dostoiévski
1254. **O último dia de um condenado** – Victor Hugo
1255. **Nem só de caviar vive o homem** – J.M. Simmel
1256. **Amanhã é outro dia** – J.M. Simmel
1257. **Mulherzinhas** – Louisa May Alcott
1258. **Reforma Protestante** – Peter Marshall
1259. **História econômica global** – Robert C. Allen
1260(33). **Che Guevara** – Alain Foix
1261. **Câncer** – Nicholas James
1262. **Akhenaton** – Agatha Christie
1263. **Aforismos para a sabedoria de vida** – Arthur Schopenhauer
1264. **Uma história do mundo** – David Coimbra
1265. **Ame e não sofra** – Walter Riso
1266. **Desapegue-se!** – Walter Riso
1267. **Os Sousa: Uma família do barulho** – Mauricio de Sousa
1268. **Nico Demo: O rei da travessura** – Mauricio de Sousa
1269. **Testemunha de acusação e outras peças** – Agatha Christie
1270(34). **Dostoiévski** – Virgil Tanase
1271. **O melhor de Hagar 8** – Dik Browne
1272. **O melhor de Hagar 9** – Dik Browne
1273. **O melhor de Hagar 10** – Dik e Chris Browne
1274. **Considerações sobre o governo representativo** – John Stuart Mill
1275. **O homem Moisés e a religião monoteísta** – Freud
1276. **Inibição, sintoma e medo** – Freud
1277. **Além do princípio de prazer** – Freud
1278. **O direito de dizer não!** – Walter Riso
1279. **A arte de ser flexível** – Walter Riso
1280. **Casados e descasados** – August Strindberg
1281. **Da Terra à Lua** – Júlio Verne
1282. **Minhas galerias e meus pintores** – Kahnweiler
1283. **A arte do romance** – Virginia Woolf
1284. **Teatro completo v. 1: As aves da noite** *seguido de* **O visitante** – Hilda Hilst
1285. **Teatro completo v. 2: O verdugo** *seguido de* **A morte do patriarca** – Hilda Hilst
1286. **Teatro completo v. 3: O rato no muro** *seguido de* **Auto da barca de Camiri** – Hilda Hilst
1287. **Teatro completo v. 4: A empresa** *seguido de* **O novo sistema** – Hilda Hilst
1288. **Sapiens: Uma breve história da humanidade** – Yuval Noah Harari
1289. **Fora de mim** – Martha Medeiros
1290. **Divã** – Martha Medeiros
1291. **Sobre a genealogia da moral: um escrito polêmico** – Nietzsche
1292. **A consciência de Zeno** – Italo Svevo
1293. **Células-tronco** – Jonathan Slack
1294. **O fim do ciúme e outros contos** – Proust
1295. **A jangada** – Júlio Verne
1296. **A ilha do dr. Moreau** – H.G. Wells
1297. **Ninho de fidalgos** – Ivan Turguêniev
1298. **Jane Eyre** – Charlotte Brontë
1299. **Sobre gatos** – Bukowski
1300. **Sobre o amor** – Bukowski
1301. **Escrever para não enlouquecer** – Bukowski
1302. **222 receitas** – J. A. Pinheiro Machado
1303. **Reinações de Narizinho** – Monteiro Lobato
1304. **O Saci** – Monteiro Lobato
1305. **Memórias da Emília** – Monteiro Lobato
1306. **O Picapau Amarelo** – Monteiro Lobato
1307. **A reforma da Natureza** – Monteiro Lobato
1308. **Fábulas** *seguido de* **Histórias diversas** – Monteiro Lobato
1309. **Aventuras de Hans Staden** – Monteiro Lobato
1310. **Peter Pan** – Monteiro Lobato
1311. **Dom Quixote das crianças** – Monteiro Lobato
1312. **O Minotauro** – Monteiro Lobato
1313. **Um quarto só seu** – Virginia Woolf
1314. **Sonetos** – Shakespeare

lepmeditores
www.lpm.com.br
o site que conta tudo

IMPRESSÃO:

PALLOTTI
GRÁFICA

Santa Maria - RS | Fone: (55) 3220.4500
www.graficapallotti.com.br